Ruhr

KANU KOMPAKT

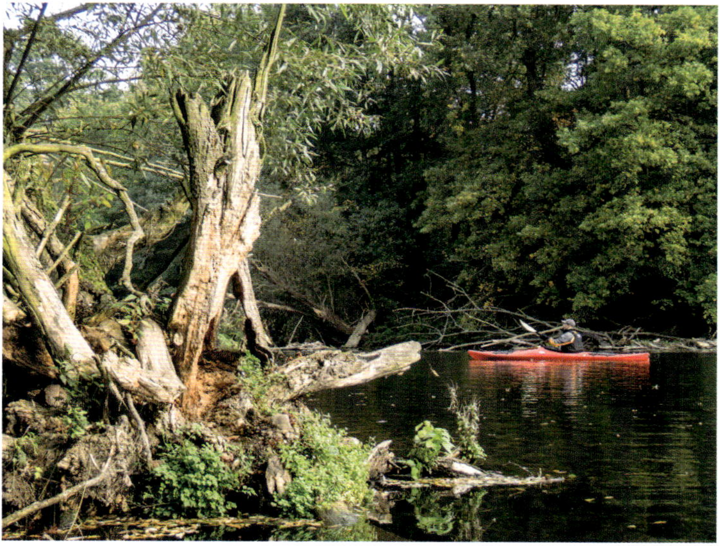

Die renaturierte Ruhr vor dem Wehr in Echthausen

Impressum

2. aktualisierte Auflage 2023

Von-Hutten-Str. 15
D-22761 Hamburg
Tel. +49 (40) 39 10 99 10
www.thomas-kettler-verlag.de
www.kanubuch.de

Text & Fotos: Michael Hennemann
Titelfoto: *Bootsgasse am Hattinger Wehr,* Michael Hennemann

Lektorat: Thomas Kettler
Idee, Konzept & Layout: Carola Hillmann
Satz: Nathalie Kern, Carola Hillmann
Druck & Gesamtherstellung: LEGRA Sp. z o.o., Krakau

Karten: Jübermann – Kartographie u. Verlag, Carola Hillmann
Umschlagkarten & Stadtpläne: StepMap, Heide Schwinn
Illustration Kanufahrschule: Ann-Sophie Ränger, Carola Hillmann
Lektorat Kanufahrschule: Falk Bruder

Weitere Bildnachweise *(o. = oben, m. = mitte, u. = unten)*:
Thomas Kettler: 5, 7 o., 7 u.,11 o., 19, 29, 31, 33, 44 o., 46 o., 53, 54, 55, 57, 60, 62, 63, 70, 71, 76 o., 79 o., 79 u., 93 o.,93 u., 94, 99. **Philippe Boeraeve:** Seite 26, 27 u., 36. Seite 22, 56: ©**Camping Hohensyburg.** Seite 32 o.: ©**Sebastian Humbek / Pressefoto Bochum Total.** Seite 32 u.: ©**Jahrhunderthalle Bochum / Ruhrtriennale.** Seite 50: ©**Restaurant Heinrich's / Heinrich Grothe.** Seite 52: ©**Gutshof Wellenbad.** Seite 82 o.: ©**Haus Großjung.** Seite 92: ©**„12 Apostel"**. Seite 95 o.: ©**Bauwagenhotel /Thomas Hagemann.**

Bildnachweise Wikimedia Commons*(o. = oben, m. = mitte, u. = unten)*:
Seite 20: ***dat doris.*** Seite 21 & 28 o.: ***Raenmaen***. Seite 28 u: ***Thomas Wolf***. Seite 34 & 95 u.: ***Ruesterstaude***. Seite 40: ***Bronstein***. Seite 47: ***Asio otus***. Seite 65 o., 68, 85: ***Frank Vincentz***. Seite 67 o.: ***FordPrefect42***. Seite 67 u.: ***Lwl-Zeche-Nachtigall***. Seite 69: ***Kira Nerys***. Seite 74 o.: ***Atamari***. Seite 80: ***Edmund Ritscher***. Seite 81 u.: ***Sir Gawain***. Seite 82 u.: ***Wiki05***. Seite 88 o.: ***Thomas Schoch***. Seite 88-89 u.: ***CherryX***. Seite 90: ***Островский Александр, Киев***. Seite 91 o.: ***Dominik Wesche***. Seite 97: ***Tuxyso***.

Bibliografische Information der Deutschen Nationalbibliothek
sind im Internet über *http://dnb.d-nb.de* abrufbar.

ISBN 978-3-98513-108-2

Infos zum Paddeln und über die Ruhr

Kanutour von Neheim-Hüsten nach Mülheim a.d.Ruhr

Adressen

Weiteres

Vorwort

Die Ruhr ist einer der abwechslungsreichsten und spannendsten Flüsse Deutschlands. Nirgendwo sonst sind Natur und Kultur so eng miteinander verwoben wie hier, nirgendwo sonst gibt es diesen beständigen Wechsel zwischen Dorfidylle und Metropolenflair.

Der Name steht für Deutschlands mächtigsten Ballungsraum, denn hier lag die Kohle so dicht unter der Erdoberfläche, dass die Industrialisierung bereits gegen Ende des 18. Jahrhunderts beginnen konnte. Noch in den 1980er Jahren besang Herbert Grönemeyer den „Pulsschlag aus Stahl", aber von Schwerindustrie und Zechen ist heute kaum noch etwas zu spüren und mit der Schließung der letzten Zeche Prosper Haniel im Dezember 2018 endete die Ära des Steinkohlebergbaus im Ruhrgebiet endgültig..

Wer heute auf oder an der Ruhr unterwegs ist, kann sein grünes Wunder erleben, denn die Ufer sind weitgehend unverbaut, stellenweise erscheint die Flusslandschaft sogar nahezu urwüchsig. Kein Wunder, dass sich das Ruhrtal als Naherholungsgebiet in der gesamten Metropolregion Rhein-Ruhr großer Beliebtheit erfreut.

In diesem Sinne wünsche ich Ihnen viel Spass bei Ihrer Kanutour und beim Entdecken dieser spannenden Region!

Ihr Michael Hennemann

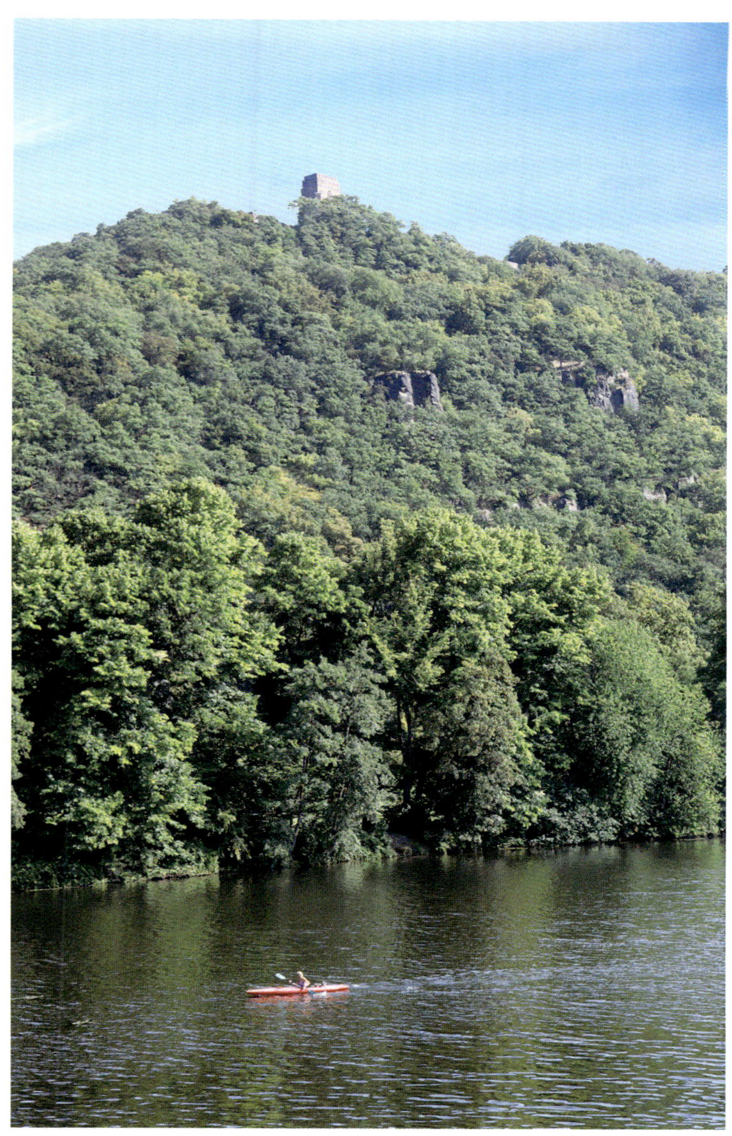

Unterwegs auf dem Hengsteysee unterhalb der Burgruine Hohensyburg und dem NSG Ruhrsteilhänge

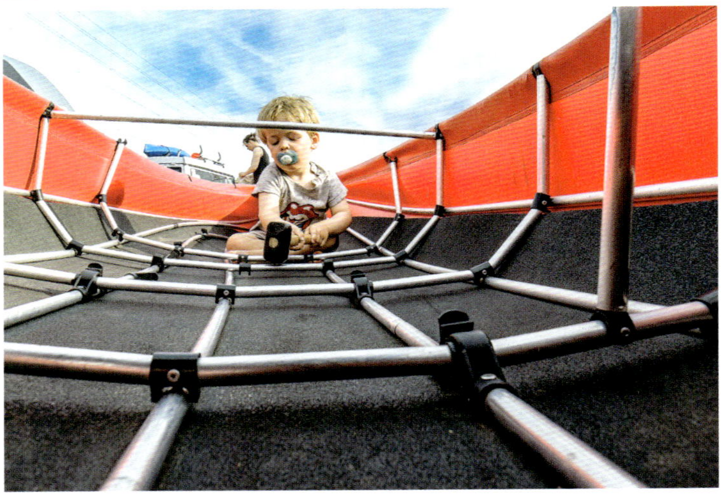

Kinderleicht: Mit etwas Übung sind Faltboote schnell aufgebaut

Das Kanu

Bevor es an die Planung der Tour geht, steht die Frage nach Kanu und Ausrüstung. **Kanu** ist der Oberbegriff für alle Boote ohne befestigtes Ruder, also sowohl Canadier/ Kanadier (umgangssprachlich oft Kanu genannt) als auch Kajaks.

Das **Kajak** ist oft bis auf eine kleine Sitzluke geschlossen, wird mit einem Doppelpaddel gefahren und ist insbesondere für kleine, schnelle Flüsse oder auch wegen seines windschlüpfrigen Verhaltens für größere Seen geeignet. Der Nachteil liegt darin, dass die Zuladung beschränkt, das Ein- und Aussteigen umständlich und die Sitzposition, anders als beim Canadier, durch die Bauweise vorgegeben ist. Kajaks gibt es generell für ein oder zwei Personen, manchmal auch mit 3 Sitzluken.

Der **Canadier/Kanadier** besticht durch sein großzügiges Raumangebot – in ihm findet auch eine vierköpfige Familie Platz – und das einfache Beladen, Ein- und Aussteigen. Er wird mit dem Stechpaddel gefahren und ist offen, dadurch können sich Kinder in ihm freier bewegen. Auch bieten sich im Sitzen mit angewinkelten oder gestreckten Beinen oder kniend variantenreiche Sitzpositionen, die ein ermüdungsfreieres Paddeln ermöglichen. Die größere Kippstabilität wird vom Anfänger als angenehm empfunden. Sein Nachteil liegt eindeutig bei der größeren Windanfälligkeit, die das Befahren von großen, offenen Wasserflächen mühsam oder gar gefährlich werden lassen. Doch kann er mit einer Persenning (Spritzdecke) auch spritzwasserfest und weniger windanfällig gemacht werden.

Eine Sonderform sind **Faltboote** (Canadier und Kajak). Sie können für das gleiche Tourenspektrum eingesetzt werden wie feste Boote, lassen sich durch das kompakte Packmaß im unaufgebauten Zustand aber leichter transportieren (z.B. auch mit der Bahn) und nehmen in der Garage oder auf dem Dachboden weniger Platz weg.

Schlauchboote (Luftboote) – in Canadier- oder Kajakform – sind in der Regel relativ langsam und laufen nur mäßig geradeaus, sodass sie für längere Touren auf Wanderflüssen nur bedingt geeignet sind. Sie sind für mittelschweres Wildwasser konzipiert.

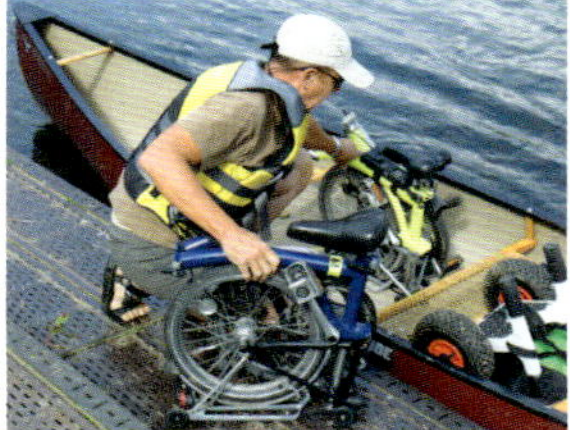

Tipp: Wer mit dem Canadier unterwegs ist und auch an Land mobil sein möchte („Zurück zum Pkw"), sollte in Erwägung ziehen, ein Faltrad mitzunehmen. Durch optimierte Falt-Scharniere wird aus dem Fahrrad innerhalb weniger Sekunden ein kleines, handliches Paket.

Zum notwendigen Zubehör gehören:

- **Paddel.** *Doppelpaddel* sollten eine Länge von ca. 220–240 cm haben, während das im Canadier verwendete *Stechpaddel* beim Stehen bis unters Kinn reichen sollte. Für Kinder darf es ruhig etwas länger sein. Kunststoffpaddel sind zwar pflegeleichter als Holzpaddel, die aber sind vom Material her sympathischer.

  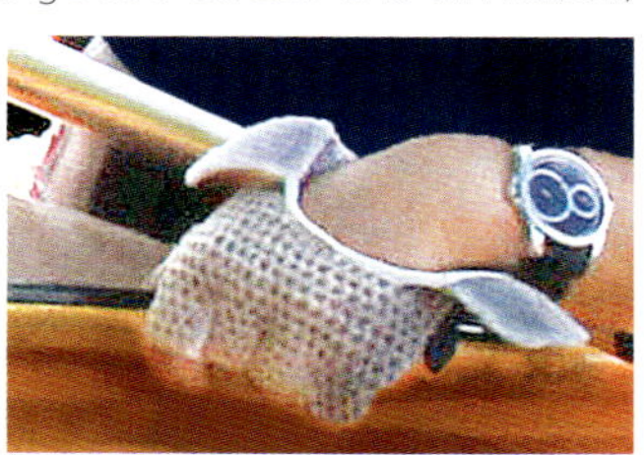

  Tipp: Paddel- oder einfache Radhandschuhe schützen empfindliche Hände vor Blasen.
- **Reservepaddel.** Muss in jedem Kanu griffbereit, aber sicher befestigt vorhanden sein. Noch wichtiger ist dies bei Solopaddlern, da sie manövrierunfähig werden, wenn das Paddel über Bord geht.
- **Rettungsweste.** Kein Kind darf ohne ohnmachtssichere Rettungsweste ins Boot. Sie hat einen Kragen, der den Kopf über Wasser hält und so wirklich vor dem Ertrinken schützt.

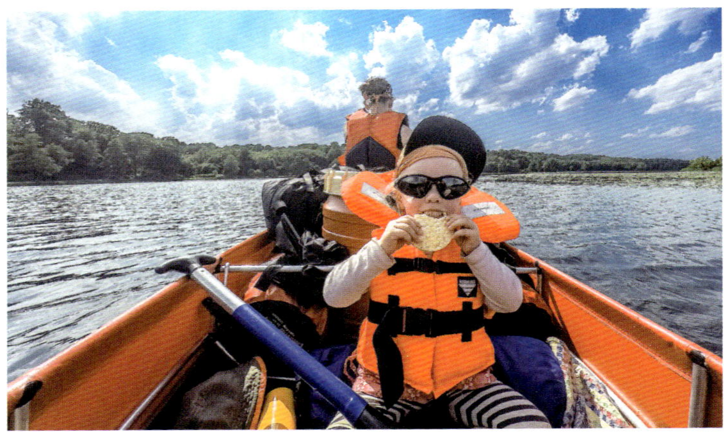

Kein Kind darf ohne ohnmachtssichere Rettungsweste ins Boot

- **Schwimmweste.** Jeder Erwachsene sollte sie tragen (auch als Vorbildfunktion). Wie die Rettungsweste auch, muss sie dem Körpergewicht des Trägers angepasst sein.
- **Wurfsack.** Zum Retten eines Schwimmers vom Ufer aus. Der Nylonbeutel mit einem Auftriebselement und etwa 20 Meter Seil ist immer dabei, egal ob Wildwasser oder Wanderfahrt.
- **Bootswagen.** Ist für längere Landtransporte unverzichtbar. Wer sich einen zulegt, sollte gleich auf gute Verarbeitung achten. Er muss stabil, das Rohrgestell verschweißt statt genietet und zusammenklappbar sein, breite Räder und eine Stütze haben, so dass er auch von nur einer Person beladen werden kann.
- **Praktisches:**
  - ▷ ***Leinen*** zum Anbinden und Halten des Kanus.
  - ▷ ***Spanngurte*** zum Festzurren der Gepäck-Säcke & -Tonnen am Kanu.
  - ▷ Ein ***Schwamm*** zum Säubern und „Entwässern" des Kanus.
  - ▷ Ein ***Schloss*** (z. B. Spiralfahrradschloss) zum Sichern des Kanus am Ufer bei Besichtigungen oder festen Unterkünften.
  - ▷ Eine ***wasserdichte Kartentasche*** mit Befestigung am Boot.
  - ▷ ***Kniepolster /-matte*** aus geschlossenporigem Schaumstoff fürs kniende Paddeln im Canadier.
  - ▷ ***Reparaturzeug***. Dazu gehören: wasserfestes Duck Tape-Klebeband (klebt fast alles), ein Mehrzwecktaschenmesser oder Tool mit Schraubenzieher, eine Kombizange und Reparaturset für das Kanu.

Kanu mieten

Zu Anfang ist es sinnvoll, sich ein Kanu zu mieten. Daher nennen wir in diesem Buch Kanuvermieter und Tourenveranstalter.

Idealerweise ist bei der Auswahl eines Veranstalters darauf zu achten, dass er Mitglied im ***Bundesverband Kanu e. V.*** (BVKanu) ist. Die Mitglieder garantieren Qualität und qualifizierte Mitarbeiter, Sicherheit und fachkundige Einweisung sowie einen Einsatz für den Naturschutz im Kanutourismus.

Auch das ***Qualitätssiegel QMW Kanu*** WASSER TOURISMUS DEUTSCHLAND steht für besonders gute Qualität und Sicherheit bei Anbietern.

„Paddeln macht Spass"

In Kooperation mit Sponsoren zeigt das Team um Lars Thierling die Vielfalt von Camping & Kanusport. Das Team von „Kanu & SUP on Tour – Paddeln macht Spass" ist jedes Jahr 3 Wochen deutschlandweit unterwegs und besucht 8 Campingplätze, die in den schönsten Orten Deutschlands am Wasser gelegen sind. Sie informieren Probepaddler über den Wassersport, Kleidung, Zubehör und Destinationen und bieten kostenloses Kanu-, Kajakfahren und Stand Up Paddling an, www.paddeln-macht-spass.de

Vereinsmitgliedschaft

Kanufahren zeichnet sich zwar durch Individualität aus, aber nicht immer fühlt man sich alleine auf dem Wasser wohl.

Die Mitgliedschaft im ***Deutschen Kanu-Verband (DKV)*** , auch als nicht vereinsgebundenes Einzelmitglied, bietet über die Teilnahme an gemeinsamen Fahrten, dem Austausch persönlicher Erfahrungen zu Booten und Ausrüstung hinaus auch den Vorteil der preisgünstigen Übernachtung in den ***DKV-Kanustationen***.

Die Ausrüstung

Es gibt kein schlechtes Wetter – nur falsche Kleidung!

Für die in diesem Buch beschriebenen Touren benötigt man keine teure High-Tech-Kleidung, aber eine gute ***Regenjacke*** und ***-hose*** muss im Gepäck sein. Ansonsten sollte nach dem „Zwiebelprinzip" verfahren werden – mehrere leichte Kleidungsstücke übereinander ziehen.

Fleecepullis mit ihrer hervorragenden Isolationseigenschaft, geringem Gewicht und der Tatsache, dass sie im nassen Zustand noch wärmen, aber auch schnell trocknen, sind ideal.

Eine ***Hose*** aus einem ***Synthetik-Baumwollgemisch*** trocknet schnell und ist geeigneter als eine Jeans.

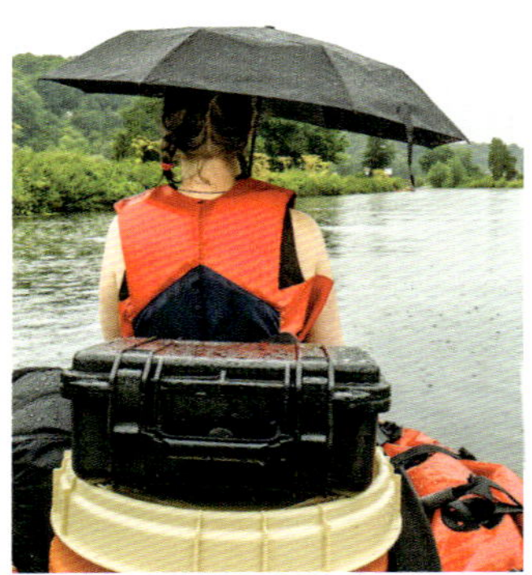

Schuhe müssen nicht schön sein, sondern vor allem fest sitzen. Am besten sind Schnür-, Sport- oder spezielle Paddlerschuhe. Für Ausflüge haben wir ***Wanderschuhe*** dabei.

Da die Sonneneinstrahlung auf Wasserflächen sehr intensiv ist, dürfen ein ***Kopf-Sonnenschutz*** und eine ***Sonnenbrille*** nicht fehlen.

Die hier beschriebene Ausrüstung findet Platz in wasserdichten ***Weithals-Tonnen*** mit Schraubdeckel und wasserdichten (optimalerweise transparenten) ***Packsäcken***, die durch einen „Roll-/Steckverschluss" wasserdicht verschlossen werden. Mehrere kleine sind idealer als wenige große!

Die meisten Kanuvermieter händigen wasserdichte Tonnen vor Antritt der Fahrt aus. Ist man jedoch mit dem eigenen Kanu unterwegs und scheut zu Anfang die für mehrere Säcke/Tonnen recht hohen Anschaffungskosten, tun es zu Beginn auch stabile Plastik- oder Müllsäcke.

Die meisten der hier beschriebenen Streckenabschnitte lassen sich so planen, dass mit wenig Gepäck ***von Gasthof zu Gasthof*** gepaddelt werden kann, um am Abend warm und trocken beim Essen im Schankraum zu sitzen.

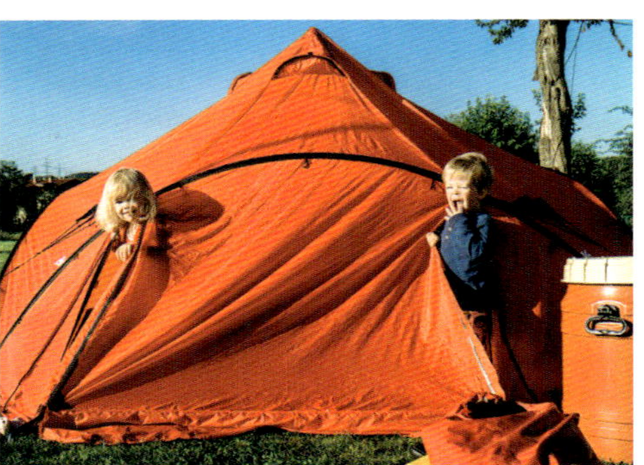

Ein ***Zelt***, ein ***Schlafsack*** und eine ***Isomatte*** sollten jedoch trotzdem immer dabei sein. Denn wer weiß schon, ob er sein Tagesziel auch erreicht oder ein Gewitter die Planung über den Haufen wirft.

Campingküche

Will man auf seinen morgendlichen Kaffee oder Tee bzw. die Spaghetti am Abend nicht verzichten, muss ein ***Campingkocher*** mit auf Tour.

Folgende Kocher-Typen sind zu unterscheiden:

- **Benzinkocher.** Hat den höchsten Heizwert. Benzin ist überall zu bekommen und billig. *Siehe Foto rechts.*

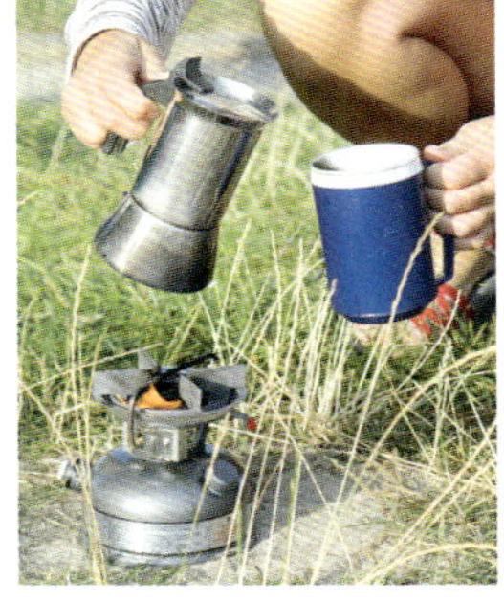

- **Gaskocher.** Nicht so hoher Heizwert, jedoch sauberes Verbrennen. Teure Kartuschen.
- **Multifuelkocher.** Guter Heizwert. Ist mit fast jedem Flüssigbrennstoff zu betreiben und sehr leicht.
- **Petroleumkocher.** Hoher Heizwert, jedoch Geruchsbelästigung, die, anders als beim Benzin, nicht „verfliegt".
- **Spirituskocher.** Sind leicht und einfach zu handhaben. Relativ geringer Heizwert.

Als weitere ***Küchenausstattung*** empfiehlt sich ein ***Kochset***, bestehend aus zwei oder drei verschieden großen, ineinander gestellten Kochtöpfen (2 L, 1,5 L, 1 L) mit zwei verschieden großen Deckeln, die gleichzeitig als Pfannen dienen.

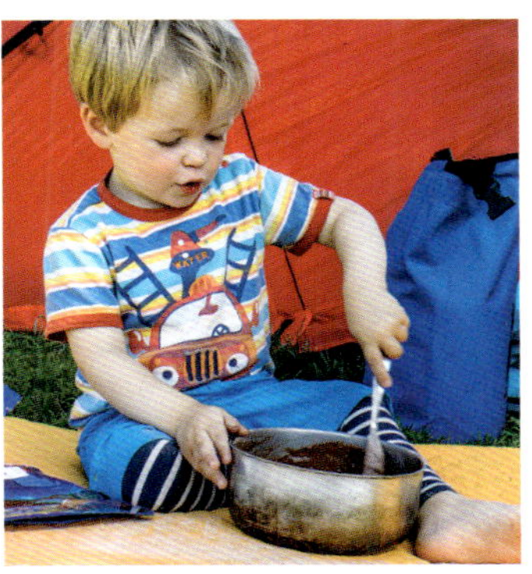

Eine ***Espressokanne*** ist für den morgendlichen Kaffee ideal. Weiterhin ein ***Wassersack mit Frischwasser,*** flache und tiefe ***Teller*** oder ***Müslischalen***, ***Besteck***, ***Thermoskanne***, ***Thermobecher***, kleines ***Schäl- und Schneidemesser***, ***Schneidebrett***, ***evtl. Alufolie***, ***Geschirrtuch***, ***Spülmittel*** und eine ***Faltschüssel*** (Abwasch).

Man kann die Campingküche aber auch getrost zu Hause lassen, denn entlang der Strecke finden sich viele Einkehrmöglichkeiten. Meist auch auf jedem Campingplatz.

Nützliches & Unentbehrliches: ***Klappspaten, Toilettenpapier, Erste-Hilfe-Set, Insektenschutz, Waschzeug, Taschenmesser evtl. mit Tool, Taschenlampe (Stirnlampe), Fernglas, Schreibutensilien, Tagesrucksack.***

Kleine Kajak- & Canadier-Fahrschule

Schlagrichtung des Paddlers 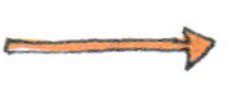 Bewegungsrichtung des Kanus 

Die beschriebenen Paddelschläge können und sollen miteinander kombiniert werden. Zur korrekten Ausführung wird das Paddel im Prinzip nicht durch das Wasser „gezogen", sondern soll annähernd stationär bleiben und das Kanu über das Wasser bewegt werden. Hierbei wird eine optimale Kraftausbeute angestrebt. Bei einem sehr gut ausgeführten Paddelschlag gibt es keine Verwirbelungen und kaum Wellen am Paddelblatt.

Kajak-Fahrschule

Allgemeines

In der Regel sind die beiden Blätter eines Doppelpaddels gegeneinander verdreht. Bei den üblichen rechtsgedrehten Paddeln umfasst die rechte Hand den Schaft so, dass das rechte Paddelblatt senkrecht ins Wasser eingetaucht werden kann. Die linke Hand umfasst den Paddelschaft nur locker und nach jedem Paddelschlag wird das Paddel mit der rechten Hand so gedreht, dass das aktive Blatt senkrecht ins Wasser gesetzt werden kann (bei linksgedrehten Paddeln gelten die Hinweise entsprechend seitenvertauscht). Stellen Sie die Fußstützen des Kajaks so ein, dass Sie bequem sitzen und gleichzeitig einen guten Bootskontakt mit den Oberschenkeln haben. Bei Kajaks mit Fußsteuerung den Abstand der Pedale so wählen, dass Sie mit leicht angewickelten Beinen im Boot sitzen und genügend Spielraum nach vorne haben, um das Pedal durchzutreten und das Steuer bewegen zu können.

Einsteigen

Kanu parallel zum Ufer ausrichten, bei starker Strömung mit dem Bug (=Bootsspitze) gegen die Strömungsrichtung. Zum Einsteigen das Boot mit der sogenannten „Paddelbrücke" stabilisieren: Paddel im rechten Winkel zum Boot über Süllrand (=Bootsrand) und Ufer oder Steg legen; mit einer Hand Süllrand und Paddel fassen und mit der anderen Hand das Paddel aufs Ufer drücken. Zum Einsteigen das Gewicht über das Paddel verlagern und mit dem bootsseitigen Fuß zuerst einsteigen. Anschließend möglichst rasch hinsetzen, d. h. im Kajak gleich auf den Sitz rutschen, um einen tiefen Schwerpunkt zu erzielen und die Stabilität des Kanus zu erhöhen.

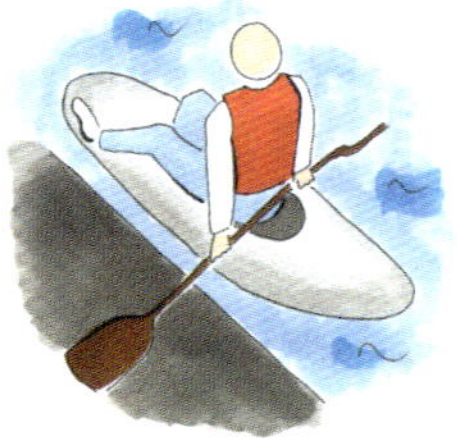

Spritzdecke

Spritzdecke zunächst hinter dem Körper um den Süllrand legen und von hinten nach vorne schließen; abschließend nach vorne über den Süllrand ziehen. Dabei unbedingt darauf achten, dass die Lasche vorne herausguckt, um die Spritzdecke im Falle einer Kenterung leichter öffnen zu können.

Paddelhaltung

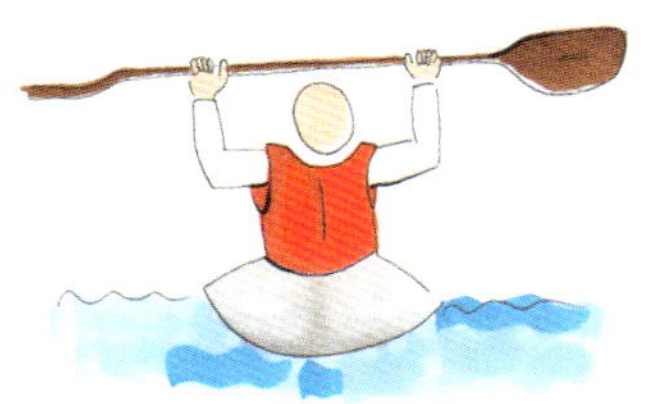

Das Paddel in beide Hände nehmen und auf den Kopf legen. Die optimale Griffbreite ist erreicht, wenn der Winkel zwischen Ober- und Unterarm ein wenig kleiner als 90 Grad ist.

Grund- und Treibschlag

Mit leicht nach vorne gebeugtem Oberkörper Paddel vorne, dicht neben der Bootswand einsetzen. Die „Zughand" zieht das Paddel parallel am Boot entlang nach hinten, während die „Druckhand" das sich in der Luft befindliche Blatt nach vorne drückt. Die Bewegung nicht allein mit den Unterarmen ausführen, sondern zur Unterstützung bei gestrecktem Arm den Oberkörper mitdrehen. Ist das aktive Paddelblatt knapp hinter der Sitzposition, den Zug stoppen und die Seite wechseln.

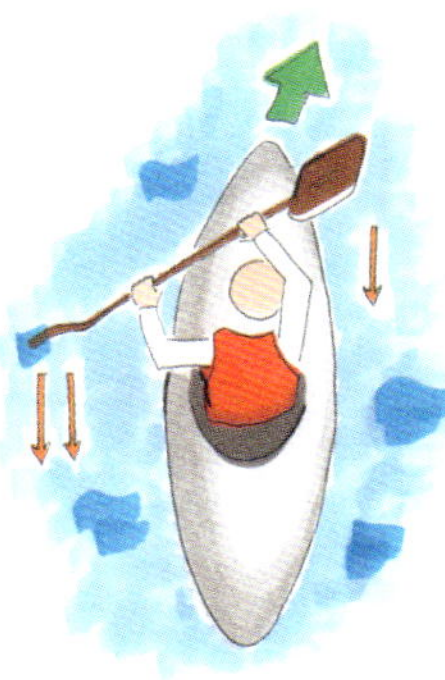

Steuern

Wird der Paddelschlag auf der linken Seite stärker ausgeführt, dreht der Bug nach rechts – und umgekehrt. So können Sie das Boot – ganz ohne die ebenfalls erhältlichen Fußsteueranlagen – auf Kurs halten. Sind starke Kursänderungen erforderlich, erreichen Sie diese mit dem Bogenschlag. Beim Ab- und Anlegen mit Kajaks die über eine Steueranlage verfügen unbedingt daran denken, das Steuer rechtzeitig einzuklappen, um es nicht zu verbiegen.

Ziehschlag

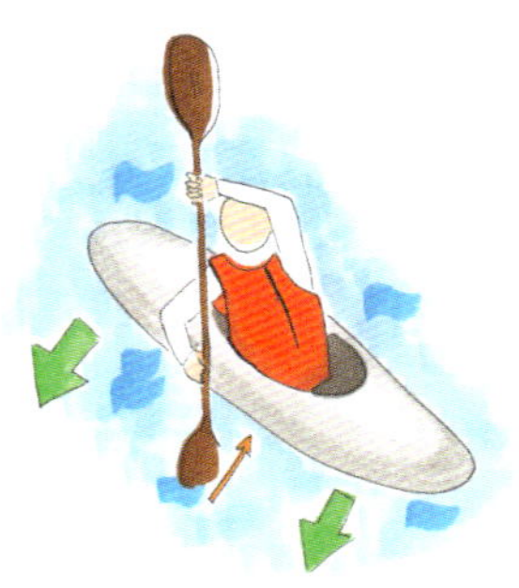

Steuerschlag, um das Boot seitlich zu versetzen; dazu das Paddelblatt möglichst weit entfernt senkrecht zur Längsachse und parallel zum Boot ins Wasser tauchen und nicht zu dicht, an die Bootswand heranziehen und nach oben aus dem Wasser nehmen. Dabei darauf achten, dass das Paddelblatt nicht unter den Bootskörper gezogen wird, da dies zum Kentern führen kann.

Bogenschlag

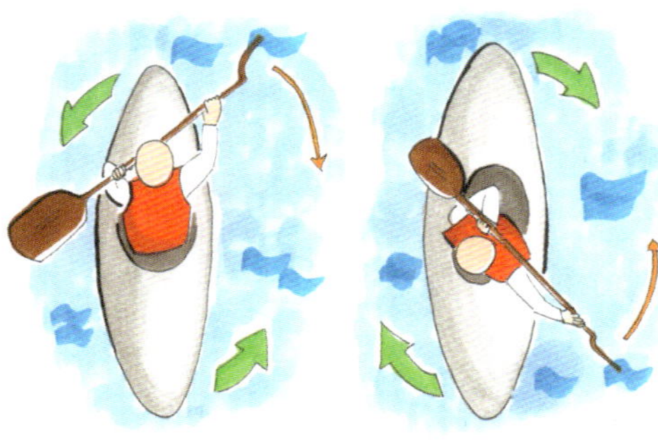

vorwärts *rückwärts*

Steuerschlag, um das Boot zu drehen: vorwärts ausgeführt, dreht er das Boot weg von der Schlagseite. Dazu das Paddel möglichst weit vorne und dicht am Boot eintauchen und das Paddelblatt flach unter der Wasseroberfläche in einem weiten Halbkreis um das Boot bis nahe ans Heck führen. Je größer der Radius, desto stärker die Steuerwirkung. Um das Kanu abzubremsen und gleichzeitig eine Kurskorrektur zur Paddelseite hin durchzuführen, können Sie den Bogenschlag rückwärts ausführen.

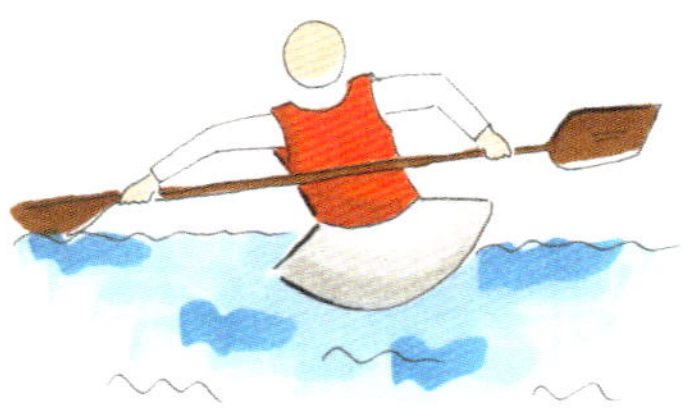

Paddelstütze

Stabilisierungsschlag, bei dem das Paddel als Ausleger genutzt wird, um das Kentern zu verhindern; dazu einfach das Paddel auf der Seite, zu der das Boot zu kippen droht, soweit wie möglich nach außen flach auf das Wasser drücken.

Allgemeines

Auf dem hinteren Sitz nimmt in der Regel der erfahrenere oder kräftigere Paddler Platz. Er gibt im Flachwasser die grobe Richtung vor, der Vordermann versucht ihn zu unterstützen. Der Vordermann gibt die Schlagzahl vor; achten Sie darauf, einen möglichst gleichmäßigen Schlagrhythmus einzuhalten, um ein „Aus-dem-Ruder-laufen" zu vermeiden. Je nach Ausdauer kann ein gelegentlicher Wechsel der Paddelseiten stattfinden, der von beiden nach Absprache gleichzeitig durchgeführt wird. Der Vordermann hat stets die Aufgabe auf Hindernisse, die direkt vor dem Canadier auftauchen, aufmerksam zu machen.

Einsteigen

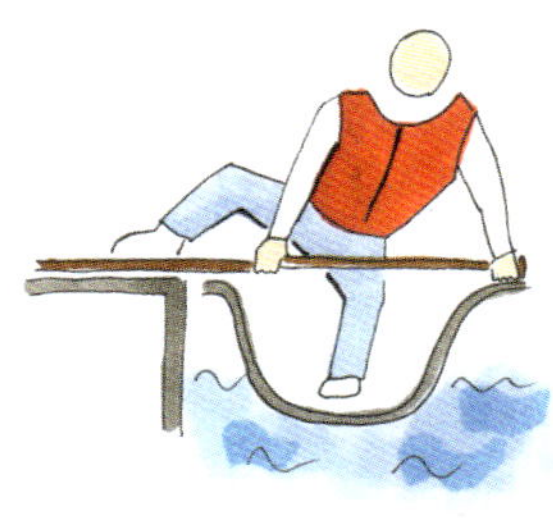

Kanu parallel zum Ufer ausrichten, bei starker Strömung mit dem Bug (=Bootsspitze) gegen die Strömungsrichtung. Zum Einsteigen das Boot mit der sogenannten „Paddelbrücke" stabilisieren: Paddel im rechten Winkel zum Boot über Süllrand (=Bootsrand) und Ufer oder Steg legen; mit einer Hand Süllrand und Paddel fassen und mit der anderen Hand das Paddel aufs Ufer drücken. Zum Einsteigen das Gewicht über das Paddel verlagern und mit dem bootsseitigen Fuß zuerst einsteigen. Anschließend möglichst rasch hinsetzen oder beim Canadier auch möglich, eventuell hinknien, um einen tiefen Schwerpunkt zu erzielen und die Stabilität des Kanus zu erhöhen.

Aussteigen

Wie Einsteigen, nur in umgekehrter Reihenfolge.

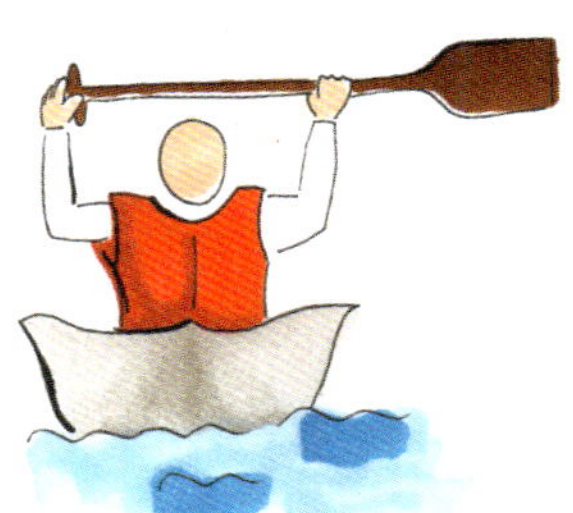

Paddelhaltung

Eine Hand fasst den Paddelknauf, hierbei wird der Griff von oben wie beim Spaten umfasst. Die andere Hand umgreift den Paddelschaft, so dass Ober- und Unterarm einen Winkel von 90 Grad bilden.

Grund- und Treibschlag

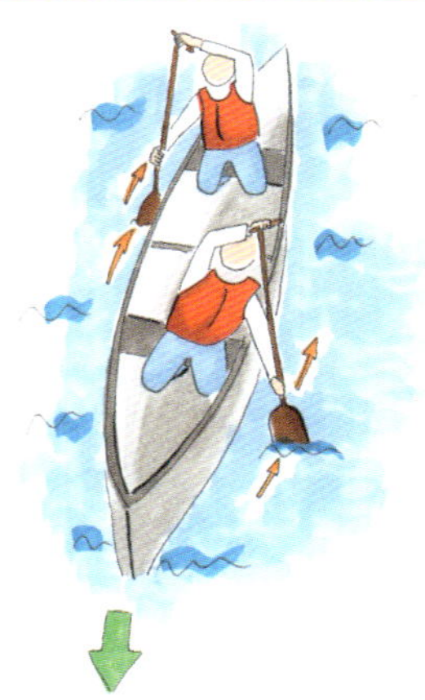

Das ganze Paddelblatt wird senkrecht ins Wasser getaucht und parallel zum Boot (in Bootslängsachse) bis etwa auf Körperhöhe durchs Wasser gezogen. Dabei wird mit dem unteren Arm gezogen, während der obere Arm drückt; gleichzeitig wird der Oberkörper etwas nach vorne geneigt und mitgedreht. Stimmen Vorder- und Hintermann ihren Grundschlag aufeinander ab, bewegt sich der Canadier kursstabil geradeaus. Paddelt nur einer, bewegt sich das Kanu der paddelabgewandten Seite zu.

Steuern oder J-Schlag (nur Hintermann)

Dabei wird das Paddel zuerst wie beim Grundschlag geführt, am Körper vorbei in einer Bogenbewegung mit der wasserverdrängenden Paddelseite vom Boot weggedrückt. Dabei zeigt der Daumen der Hand am Paddelknauf nach unten und der Handrücken nach außen. Der Vordermann kann weiterhin den Grundschlag ausführen oder die Drehbewegung mit einem Bogenschlag verstärken. Der J-Schlag ist besonders vorteilhaft für Solo-Canadier, da er das „Aus-dem-Ruder-laufen" bei der normalen Geradeausfahrt verhindert.

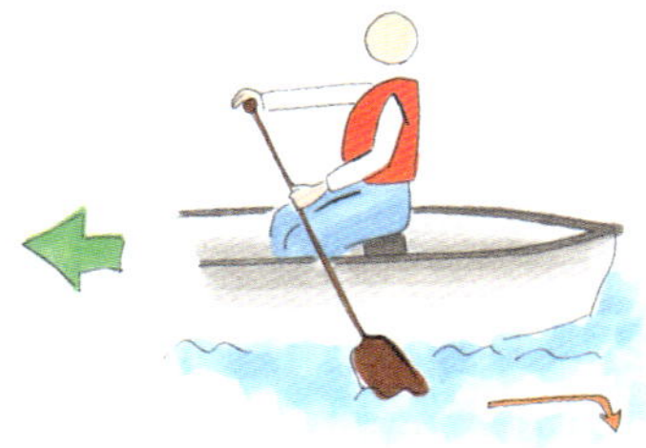

Ziehschlag

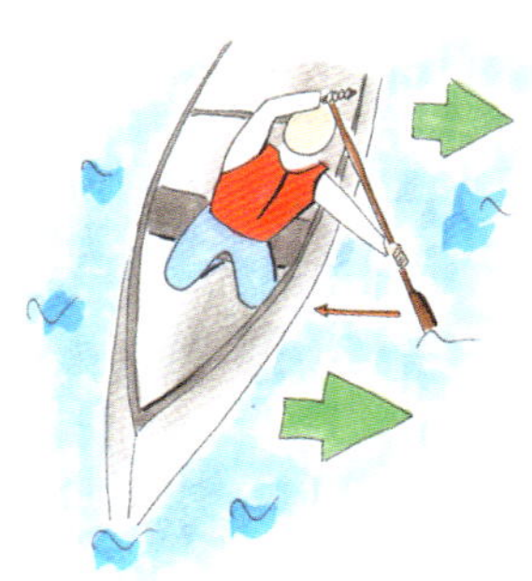

Steuerschlag, um das Boot seitlich zu versetzen; dazu das Paddelblatt möglichst weit entfernt senkrecht zur Längsachse und parallel zum Boot ins Wasser tauchen und, nicht zu dicht, an die Bootswand heranziehen und nach oben aus dem Wasser nehmen. Dabei darauf achten, dass das Paddelblatt nicht unter den Bootskörper gezogen wird, da dies zum Kentern führen kann.

Bogenschlag

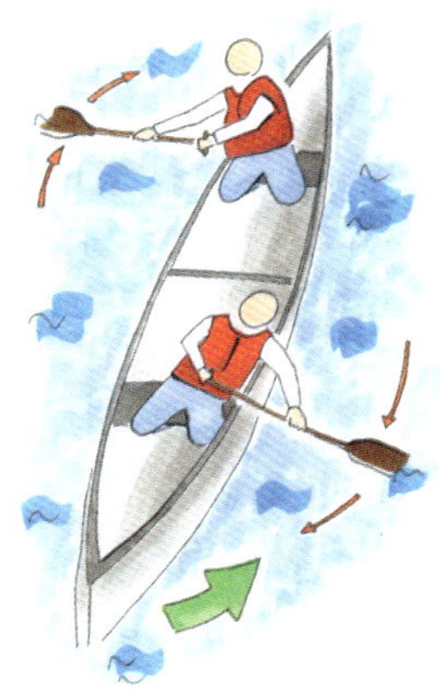

Steuerschlag, um das Boot zu drehen. Um einen Zweier-Canadier auf der Stelle zu drehen, führt der Vordermann den Bogenschlag vorwärts und der Hintermann den Bogenschlag rückwärts aus (oder umgekehrt, aber immer gegenläufig). Vorne vorwärts: das Paddel möglichst weit vorne und dicht am Boot eintauchen und das Paddelblatt flach unter der Wasseroberfläche in einem Viertelskreis bis auf Körperhöhe führen. Hinten rückwärts: Beginn nahe am Heck des Bootes und das Paddelblatt von hinten nach vorne im Viertelskreis bis auf Körperhöhe führen. Dies dreht das Boot weg von der Paddelseite des Vordermanns. Zum Drehen zur anderen Seite werden die Schläge genau gegenläufig durchgeführt: vorne rückwärts, hinten vorwärts. Jeweils gilt, je größer der Radius, desto stärker die Steuerwirkung.

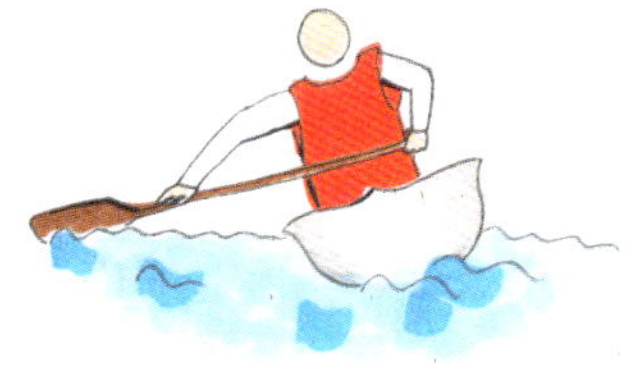

Paddelstütze

Stabilisierungsschlag, bei dem das Paddel als Ausleger genutzt wird, um das Kentern zu verhindern; dazu einfach das Paddel auf der Seite, zu der das Boot zu kippen droht, soweit wie möglich nach außen flach auf das Wasser drücken.

Weiterführende Literatur:

Kanu-Handbuch, *Praxis-Ratgeber,* Verlag Reise Know-How.

Outdoor Basixx „Kanuwandern" & „Solo im Kanu", Conrad Stein Verlag.

Stechpaddel Fahrschule, Thomas Kettler Verlag.

Infos zum für Sie nächstgelegenen Kanukurs bekommen Sie bei:

Bundesverband Kanu e.V., c/o BVWW, Gunther-Plüschow-Str. 8, 50829 Köln, Tel. +49 (0)221 59 57 10, www.bvkanu.de

Deutscher Kanu-Verband e.V., Bertaallee 8, 47055 Duisburg, Tel. +49 (0)203 99 75 90, www.kanu.de

Tipps zum Kanuwandern allgemein

Kanufahren ist im Allgemeinen ein ungefährlicher Sport. Voraussetzung ist allerdings, die **Einhaltung einiger Regeln:**

- ***Vorsicht*** ist insbesondere ***an den Wehren*** geboten. Beachten Sie die Befahrungsverbote und örtlichen Hinweise an den einzelnen Wehren.
- Das ***Befahren von Fischaufstiegen ist generell verboten***.
- Die ***Bootsgassen*** im unteren Teil der Ruhr sollten von unsicheren Paddlern und Paddlern ohne Schwimmweste umtragen werden.
- ***Allein*** sollte nur ***paddeln***, wer sein Kanu gut beherrscht.
- Das Tragen eine ***Schwimmweste*** sollte selbstverständlich sein.
- Kinder müssen immer eine ***ohnmachtssichere Rettungsweste*** tragen.
- Um vor unliebsamen Überraschungen sicher zu sein, sind vor der Fahrt ***aktuelle Informationen über den Streckenverlauf*** unerlässlich.
- Das Gepäck gehört nach Möglichkeit ins Boot. Alles was an Deck mitgenommen wird sollte wasserdicht verpackt und gut festgezurrt werden, um es gegen Verlust bei Kenterung zu sichern.
- ***Nicht alkoholisiert ins Kanu steigen***.
- Ein ***aufgefrischter Erste-Hilfe-Kurs*** sollte selbstverständlich sein, um nicht nur anderen, sondern auch sich selbst helfen zu können.
- Beachten Sie die ***Hinweise zur Paddeltechnik*** und dem ***Verhalten auf dem Wasser*** von den Bootsvermietern.

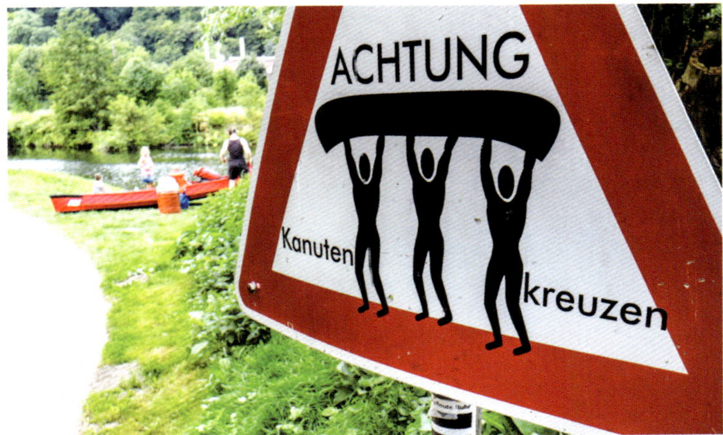

Ausstieg beim Kanuverein in Witten

Verhalten am und auf dem Wasser

Eine Kanutour soll in erster Linie Spaß machen und eine lange Liste mit Ge- und Verboten für das umweltverträgliche Paddeln scheint auf den ersten Blick „typisch deutsch". Mit den folgenden **Verhaltens- und Umwelt-Tipps** macht das Paddeln aber allen Beteiligten mehr Freude und die herrliche Natur entlang der Ruhr bleibt auch nachfolgenden Paddlergenerationen erhalten:

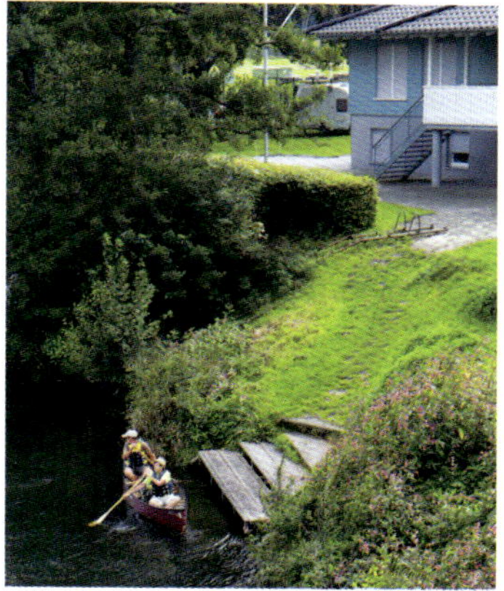

Gutes Einsetzen bei den Kanuvereinen

- Starten und beenden Sie eine Kanutour nur an den ***ausgewiesenen Ein- und Ausstiegsstellen.*** Wollen Sie ein eigenes Kanu auf dem Gelände eines Bootsvermieters oder Campingplatzes zu Wasser lassen, so gehört es zum guten Ton, vorher um Erlaubnis zu fragen.
- Nutzen Sie zum ***Anlegen und Rasten nur die dafür vorgesehenen Plätze*** wie z.B. Bootsrastplätze, die Anleger der Gasthäuser oder Wehre und andere befestigte Ausstiege, die nicht im Privatbesitz sind, um unnötige Beschädigungen der empfindlichen Ufer zu vermeiden.
- ***Meiden Sie Schilfgürtel und Kiesbänke*** – es sind wichtige Lebensräume für Wasservögel. Fahren Sie nach Möglichkeit mit den Booten hintereinander und in der Flussmitte bzw. dort, wo das Wasser am tiefsten ist.
- ***Beobachten Sie Tiere nur aus der Ferne.*** Für Naturbeobachtungen empfiehlt sich daher die Mitnahme eines Fernglases.
- ***Respektieren Sie die „Nachtruhe" der Tiere***. Legen Sie bis spätestens eine Stunde nach Sonnenuntergang an, um nachtaktive Tiere wie Abendsegler und Eulen nicht zu stören.
- ***Vermeiden Sie die Befahrung von flachen Gewässerabschnitten*** und achten Sie stets auf eine ausreichende Wassertiefe. Muscheln am Gewässergrund, die die Filterung des Wassers übernehmen, leiden unter Grundberührung von Bootsrumpf und Paddel.
- ***Wildzelten ist nicht zu verantworten*** – zu groß ist die damit verbundene Belastung für die Natur. Entlang der Ruhr finden sich einfache Zeltwiesen bei Kanuvereinen, Campingplätze, Gasthöfe und Hotels, so dass die Übernachtung in Wassernähe kein Problem darstellt.

Blick auf die Region

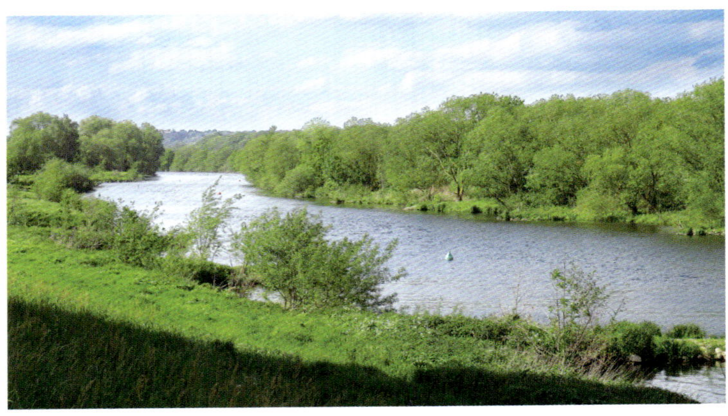

In der Metropole Ruhr lässt sich neben Industriekultur auch traumhafte Natur erleben

Die ***Kleinstadt Wetter,*** malerisch zwischen Ruhr und Harkortsee gelegen, ist das Tor zum Sauerland oder Ruhrgebiet – je nachdem, in welche Richtung man schaut. Die ***Metropole Ruhr***, mit 58 Städten und rund 5 Millionen Einwohnern Deutschlands größter Ballungsraum, liegt im Schnittpunkt von Rheinischem Schiefergebirge, Westfälischer und Niederrheinischer Bucht.

Erste wirtschaftliche Impulse für die Region brachte während der ***Hansezeit*** der ***Hellweg***. Diese bedeutende mittelalterliche Heer- und Handelsstraße führte von der Ruhrmündung durch das heutige Ruhrgebiet bis zu Elbe und Weser. Schon im Mittelalter wurde mit dem Abbau von Kohle begonnen, die sich vor über 300 Millionen Jahren unter der Erdoberfläche abgelagert hatte. Südlich der Ruhr lag sie dicht unter der Erde und seit dem 16. Jh. gelangte man durch waagerechten Stollenbau an die Flöze, die an den Hängen des Ruhrtals zutage traten. Noch im 18. Jh. war die Region aber von Landwirtschaft und kleinen Dörfern geprägt.

Die ***Steinkohleförderung*** im großen Stil begann erst mit der Erfindung der Dampfmaschine, denn nun konnten tiefere Schächte gegraben und die Kohle per Eisenbahn und über die später errichteten Kanäle abtransportiert werden. Als die ***Dampfmaschine*** um 1900 durch den Strom ersetzt wurde, erfolgte der nächste Schub. Jetzt entstanden Montankonzerne und die Kohle wurde in Großschachtanlagen abgebaut. Um die Jahrhundertwende förderten die 170 Zechen rund 60 Millionen Tonnen Kohle.

Die Bevölkerungszahl stieg von 400.000 Mitte des 19. Jh. rasant auf 3,8 Millionen Menschen im Jahre 1925 und in den 1920er-Jahren bürgerte sich der Begriff „Ruhrgebiet" ein. Ende des Zweiten Weltkrieges standen die Zechen vorübergehend still, aber schon 1950 wurden wieder über 100 Millionen Tonnen Kohle gefördert und fast eine Million Menschen waren in der Kohle- und Stahlindustrie beschäftigt.

Sinkende Energiepreise infolge von Globalisierung, neue Energieträger wie Erdöl und Erdgas sowie die Tatsache, dass die Ruhrgebiets-Kohle aus immer größeren Tiefen gefördert werden musste, führten ab 1958 zur Montankrise und die ersten Zechen mussten schließen. In den 1970er Jahren geriet auch die Stahlindustrie durch den internationalen Wettbewerb immer weiter unter Druck – das Hüttenwerk in Duisburg-Rheinhausen sowie die Hattinger Henrichshütte schlossen als erste Stahlstandorte ihre Pforten.

Die Zeit, in der Kohleförderung und Stahlproduktion das Ruhrgebiet ausmachten, sind inzwischen längst passé. Die letzte Steinkohlezeche wurde 2018 geschlossen und auch wenn das Erbe des Bergbaus die Region weiterhin begleiten wird, hat sie sich zu einer dientsleistungs- und kulturorientierten Metropole gewandelt.

Die einst trostlosen Industriebrachen sind inzwischen zu wichtigen Zeugnissen der ***Industriekultur*** geworden, von denen die ***Henrichshütte*** in Hattingen, der ***Landschaftspark Duisburg-Nord***, das ***Gasometer Oberhausen*** und die ***Zeche Zollverein*** in Essen die bekanntesten sind.

Heute verblüfft die ***Metropole Ruhr*** mit viel Grün und Kultur an fast jeder Ecke. Es ist die dichteste Kulturlandschaft Europas mit über 1.000 Industriedenkmälern, 200 Museen, 250 Festivals, 120 Theatern und drei Musicalhäusern. Die ***Route der Industriekultur***, ein Projekt des Regionalverbandes Ruhr, verbindet als touristische Themenstraße wie ein Netz die „wichtigsten und touristisch attraktivsten" Industriedenkmäler.

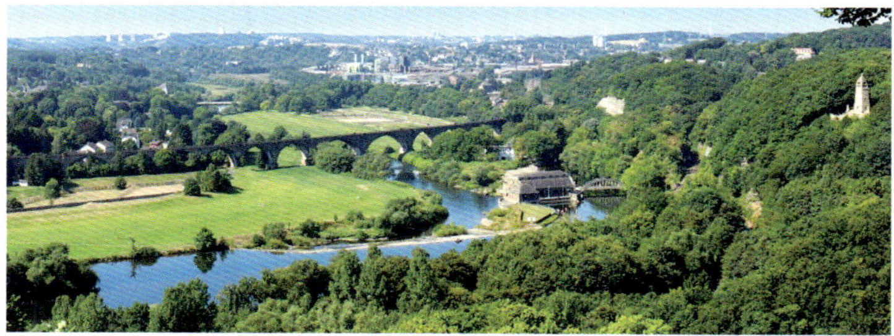

Ausblick vom Berger-Denkmal auf dem Hohenstein auf das Mittlere Ruhrtal

Wichtiges zur Tour auf der Ruhr

Dieses Buch stellt etwa **130 Paddelkilometer** von Neheim-Hüsten, am Rand des Sauerlandes, bis Mülheim a.d.Ruhr, gut 10 km vor der Mündung in den Rhein, vor. Sportliche Paddler können die Strecke in 4-5 Tagen bewältigen, einen Grund zur Eile gibt es aber nicht.

Neben der herrlichen **Natur** – die Ruhr überrascht immer wieder mit idyllischen, teils renaturierten Passagen, die man so nicht unbedingt erwarten würde – locken rechts und links der Ufer zahlreiche, oft hochkarätige Sehenswürdigkeiten, interessante Museen und spannende Zeugnisse der **Industriekultur** und immer wieder laden malerische Altstädte mit viel Fachwerk und guter Gastronomie zum Landgang ein.

Die zahlreichen **Übernachtungsstellen** liegen immer am Wasser oder zumindest in Wassernähe und erlauben eine sehr individuelle Etappeneinteilung. Dank der vielen Kanuvereine und Campingplätze ist die Übernachtung im eigenen Zelt unproblematisch, eine **Voranmeldung** ist für Einzelreisende nicht erforderlich. Wer dagegen in Gasthöfen, Hotels oder Pensionen schlafen möchte, sollte besser vorab ein Zimmer reservieren.

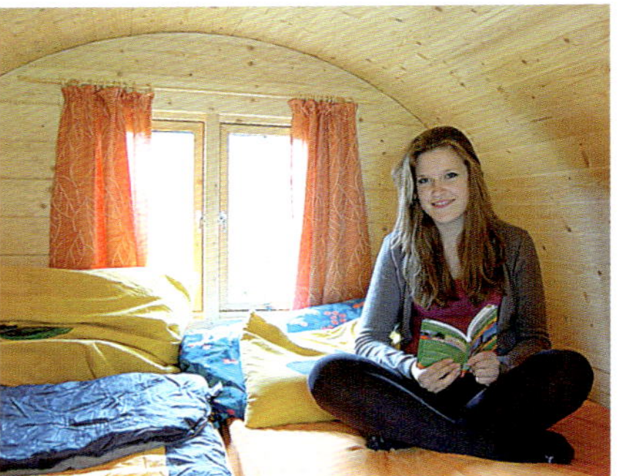

Bei Schmuddelwetter ganz gemütlich – übernachten im Schlaffass

Erfahrungsgemäß sind an den Wochenenden und rund um die Feiertage im Mai / Juni sowie während der Ferien in NRW sowohl Kanuten als auch besonders viele Radfahrer auf dem Ruhrtal-Radweg unterwegs, was die **Quartiersuche** erschwert.

Achten Sie bei der **Tourenplanung** auf ausreichend **Ruhe**- und **Pausentage** um auch den zahlreichen kulturellen Sehenswürdigkeiten einen Besuch abzustatten oder eine ausgedehnte Wanderung am Ufer zu unternehmen. Tipps und Anregungen dazu liefert dieses Buch.

Die im Infoteil vorgeschlagenen **Etappen und Zeitangaben** verstehen sich ohne Wanderungen, Stadtrundgänge und Museumsbesuche. Viele **Museen** haben **montags geschlossen**.

Öffnungszeiten haben wir so dargestellt: Di-So 10-17, was heißen soll, dass Dienstag bis Sonntag von 10.00 Uhr bis 17.00 Uhr geöffnet ist.

Befahrbarkeit & Pegel

Der erste Streckenabschnitt von **Neheim-Hüsten** bis **Schwerte** setzt einen **ausreichenden Wasserstand** voraus (vor allem vor **Wickede** ist der Wasserstand sehr niedrig und reicht fast nie). Probleme bereitet hier vor allem der renaturierte Abschnitt hinter dem Wehr in Wickede (km 128,3), wo bei niedrigem Wasserstand die Boote für etwa 2 km getreidelt oder über den Wanderweg am Ufer befördert werden müssen.

Daher sollte man sich vor Fahrtantritt danach erkundigen, ob der Wasserstand ausreicht, um sich längere Treidelpassagen auf den renaturierten Abschnitten zu ersparen und gegebenenfalls erst in **Fröndenberg** oder **Schwerte** zu starten.

Ganzjährig ohne Probleme zu befahren, auch für Zweier, ist die Ruhr ab Fröndenberg (km 117). Die **beste Paddelzeit** ist von April bis Frühherbst.

Bei **extremem Hochwasser (Pegel Hattingen > 358 cm)** ist die **Befahrung** der Ruhr von km 41,6 bis km 12,2 **verboten** – hier gilt die Ruhrschifffahrtsverordnung.

Ab einem **Wasserabfluss** von **241 cm** am **Pegel Hattingen** wird das Befahren wegen überströmter Buhnen und anderer Gefahrenquellen **nur geübten Wassersportlern** mit Ortskenntnis empfohlen.
Aktuelle Informationen zur Befahrungssituation:
www.talsperrenleitzentrale-ruhr.de/talsperrensteuerung/befahrungssituation

Befahrungsregelungen

Ruhr-km von – bis	Flussstrecke / Seegebiet	Regelung
181 – 176,5	Laer bis Straßenbrücke Calle / Wennemen	01.02.–14.07. Befahrungsverbot, übrige Zeit erlaubt
165,3 – 133,4	Brücke Wildeshausen bis Haus Füchten	16.10.–31.03. Befahrungsverbot, übrige Zeit erlaubt, aber Uferbetretungsverbot. Zulässige Ein- & Ausstiegsstellen bei km 145,5, 143,2 und 141. Umtragen der Wehre erlaubt. Bei km 137 ist der Bereich der Uferschwalbenkolonie mit größtmöglichem Abstand zügig zu passieren. Betreten der Kiesbank verboten
133,4 – 129,2	Haus Füchten – Ruhrstau Echthausen	ganzjähriges Uferbetretungsverbot
120,5 – 119,8		ganzjähriges Uferbetretungsverbot
109,4 – 108,9		ganzjähriges Uferbetretungsverbot, Befahrung nur linksseitig

Fortsetzung nächste Seite

Ruhr-km von – bis	Flussstrecke / Seegebiet	Regelung
101 – 96,5	Eisenbahnbrücke bis Kraftwerk	ganzjähriges Uferbetretungsverbot
86,3	Kraftwerksbereich	ganzjähriges Befahrungsverbot innerhalb der gekennzeichneten Strecke
67,5 – 64,3	Kemnader Stausee	ganzjähriges Befahrungsverbot außerhalb des ausgetonnten Bereichs
41,2 – 37,1	Straßenbrücke L 925 – Beginn Baldeneysee	rechte Uferseite ganzjähriges Uferbetretungsverbot
36 – 34,6	200 m unterhalb Zufluss Deilbach	ganzjähriges Befahrungsverbot innerhalb der gekennzeichneten Strecke, Uferbetretungsverbot beachten
25,5 – 24,5	Ruhruferstreifen am Golfplatz Oefte	linke Uferseite ganzjähriges Uferbetretungsverbot
20,7 – 19,5		linke Uferseite ganzjähriges Uferbetretungsverbot

Schleusen

Schleusen werden ausschließlich von Fahrgastschiffen und motorisierten Booten genutzt. Kanufahrer werden grundsätzlich nicht geschleust. Ob man umtragen muss oder es eine Bootsgasse gibt, steht jeweils im Text.

Wehre

Entlang der Ruhr sind zahlreiche **Wehre** zu **umtragen** (von Neheim-Hüsten bis Mülheim insgesamt 26).

Ein eigener **Bootswagen** ist in jedem Fall sehr zu empfehlen. Dieser leistet darüber hinaus auch beim Bootstransport vom Ausstieg zum Zelt, Hotel oder Auto gute Dienste.

Bootsrutschen, die eine gefahrlose Befahrung der Wehranlagen ermöglichen, bilden leider die Ausnahme und sind erst ab dem Kemnader Stausee zu finden. Das Rutschen durch die Bootsgassen erspart den anstrengenden Landtransport und macht viel Spaß.

Leider kommt es aufgrund mangelnder Erfahrung und / oder Unkonzentriertheit an den Bootsgassen immer wieder zu teils schweren Unfällen. Daher ist die **Benutzung nur mit kundigen Bootsführern** erlaubt. Das Tragen von **Rettungswesten** ist vorgeschrieben.

Wer sich eine Befahrung nicht zutraut oder für Bootsbesatzungen ohne Rettungswesten besteht immer die Möglichkeit des Treidelns oder des Umtragens. Das ist sicherer und geht (fast) genauso schnell.

Wehre mit Umtragestellen/Bootsgassen an der Ruhr (Stand: Aug 2022):

Name (Ort)	Ruhr-km	Hinderniss/Umtragestelle	Bemerkung
Witten / Hohenstein	74,0	Umtragestelle neben Fischtreppe z.Zt. schwierig	Fischtreppe im Umbau, evtl. umtragen bei RC
Herbede	69,2	Bootsgasse in Betrieb*	Querströmung im UW
Kemnade	64,2	Bootsgasse in Betrieb	
Blankenstein	61,9	gesperrt (Umbau)	Umtragen möglich
Hattingen	57,1	Bootsgasse in Betrieb* und Treidelgasse	Querströmung im Unterwasser
Dahlhausen	50,0	Bootsgasse in Betrieb*	Querströmung im Unterwasser
Steele-Horst	47,4	Bootsgasse in Betrieb*	Querströmung im Auslauf
Steele-Spillenb.	43	Bootsgasse in Betrieb*	

**Bis auf die ganzjährig betriebene Bootsgasse in Kemnade sind alle übrigen Bootsgassen während der Hochwassersaison im Winterhalbjahr (1.11-15.4) außer Betrieb und müssen umtragen werden.*

Abkürzungen: RC = Ruder-Club, UW = Unterwasser

Kilometrierung

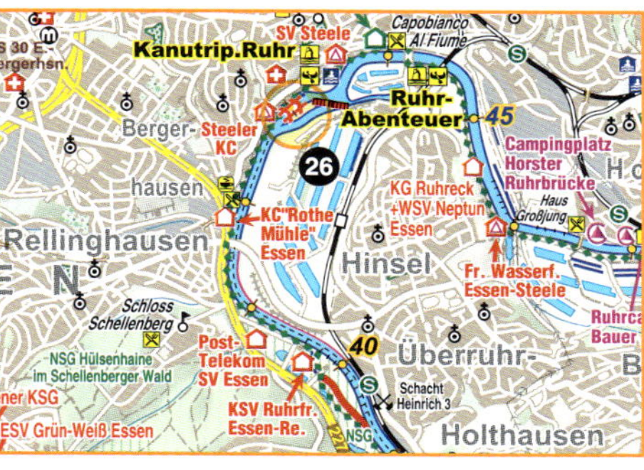

Um Ihnen die Nutzung der Wasserwanderkarten und Beschreibung der Tour in diesem Buch zu erleichtern, finden Sie sowohl auf den Karten als auch im Textteil in der Randspalte Kilometerangaben. Sie können die Entfernungen leicht in den Karten ablesen: Die Strecke von einem gelben Punkt zum nächsten entspricht **1 km**. Alle fünf Kilometer sind die Kilometerzahlen an den Punkten ausgeschrieben.

Der ***Ruhr-km 0*** bezeichnet die Mündung der Ruhr in den Rhein im Duisburger Stadtteil Ruhrort. Unsere Tour startet bei ***Ruhr-km 141*** und wir paddeln die Kilometer abwärts bis ***km 12,5***. Zunächst sind im Buch die Kilometer ***blau mit gelber Kontur*** dargestellt und es gibt keine Kilometerschilder am Ufer. Von ***km 41,4*** bis zur Mündung ***(km 0)*** ist die Ruhr **Landeswasserstraße** und die Kilometerangaben sind in der Karte und der Randspalte ***schwarz mit gelber Kontur***. Hier ist die Ruhr schiffbar und offiziell mit Schildern am Ufer kilometriert.

Infos zur Kanutour auf der Ruhr

Aktivitäten	Natur	Kultur	Baden	Hindernisse
★★★★	★★★	★★★	★★	★★

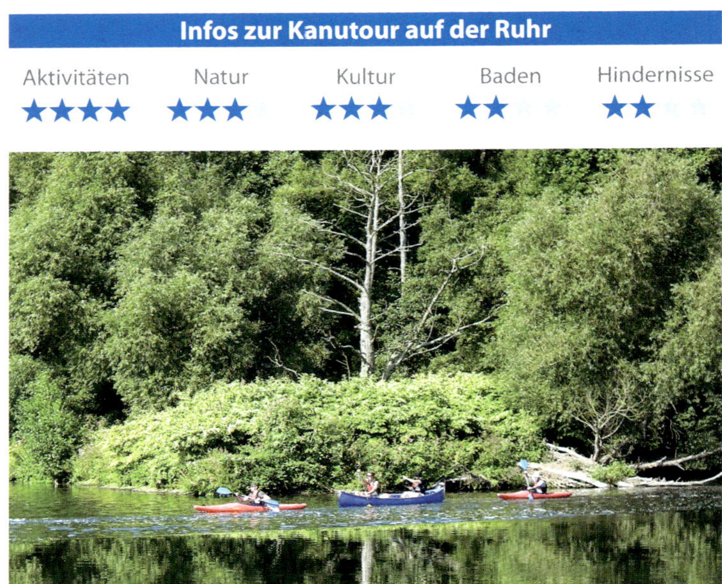

Charakter der Tour

Die Ruhr entspringt 674 m ü. NN am Ruhrkopf in der Nähe von Winterberg und Brilon. Als Mittelgebirgsfluss sucht sie sich ihren Weg durch das Sauerland und mit der Möhne-Mündung in Arnsberg-Neheim beginnt ihr Mittellauf. Das mittlere Ruhrtal am Übergang vom Sauerland ins Ruhrgebiet folgt dem Höhenzug des Haarstrangs und präsentiert sich als ruhige, von der Landwirtschaft geprägte Region. Hier zeigt sich die sehr naturnahe Ruhr, leider reicht der Wasserstand für eine Befahrung der Strecke bis Wickede oft nicht aus.

Ab Fröndenberg ist die Ruhr ganzjährig fahrbar und ihr Unterlauf ist einer der beliebtesten Kanuwanderflüsse NRWs. Eindrucksvolle Monumente der Industriekultur erinnern an längst vergangene Zeiten und wechseln sich ab mit idyllischen und renaturierten Passagen, was man so im dichtesten Ballungsraum Europas nicht erwartet. Der 230 Kilometer lange RuhrtalRadweg, der teils auf der „Route der Industriekultur" verläuft und die wichtigsten und touristisch attraktivsten Industriedenkmäler des Ruhrgebiets verbindet, aber auch direkt am Fluss entlangführt, ermöglicht das Nachholen des Pkws.

Sehenswürdigkeiten (in Ortsreihenfolge des Tourenverlaufs)

Arnsberg: ***Historischer Stadtkern*** und ***Sauerland-Museum***.

Neheim: ***Pfarrkirche St. Johannes*** („Sauerländer Dom") am Marktplatz, ***Synagoge*** in der Mendener Str. (besterhaltene Synagoge Westfalens), ***Fresekenhof*** (1680), ***Drostenhof*** (mittelalterlicher Burgmannshof), ***Burghaus Gransau*** – Teil der ehem. Stadtbefestigung, neugot. ***Christuskirche***.

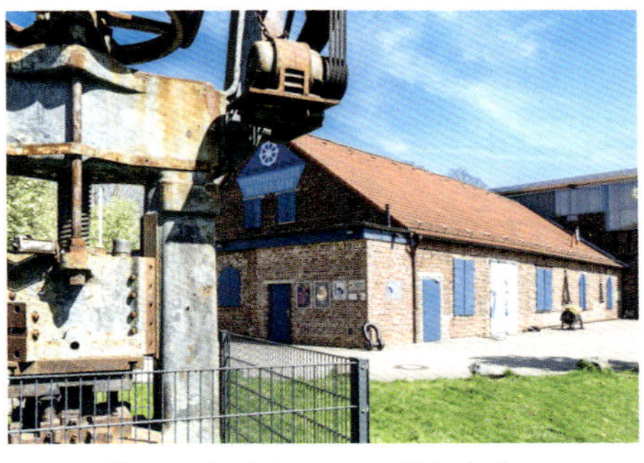

Kettenschmiedemuseum Fröndenberg

Hüsten: ***Pfarrkirche St. Petri*** mit Turm aus dem 12. Jh., mittelalterlicher ***Rittersitz Haus Hüsten***.

Ense: ***Herrenhaus Haus Füchten*** (18. Jh.).

Wickede: ***Kunst- und Lyrikweg*** an der Ruhr (Skulpturen und Holzstelen).

Fröndenberg: ***Kettenschmiedemuseum***, neugotische ***Marienkirche***, ***Stiftskirche*** (13.-14. Jh.), ***Äbtissinen-Stiftsgebäude*** des ehem. Zisterzienserinnen-Klosters, ***Heimatmuseum***, 14 Meter hohe ***„Fröndenberger Trichter"*** im ***Himmelmannpark*** direkt an der Ruhr.

Schwerte: Siehe **„Blick auf. . ."** Seite 54.

Hengsteysee: ***Kaiser-Wilhelm-Denkmal***, ***Ruine Hohensyburg***, ***Besucherbergwerk Graf Wittekind***, ***Niedernhof*** (Villa Funcke/Funckenburg), ***Koepchenwerk*** (Pumpspeicherkraftw. v. 1930), ***Kraftwerk Hengstey*** (20er Jahre).

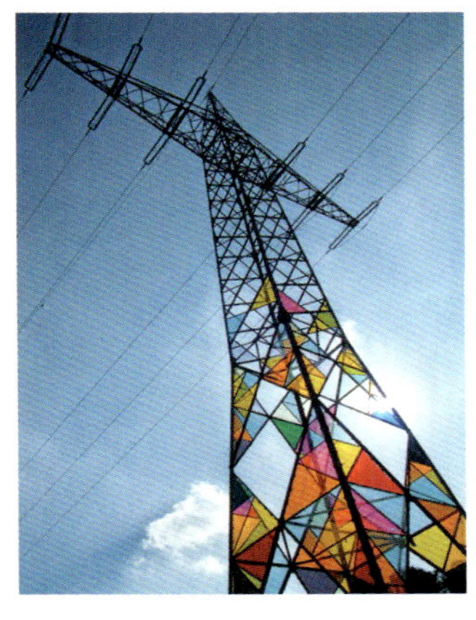

Herdecke: ***Historische Altstadt***, ***Eisenbahnviadukt*** (30 Meter hohe und 313 Meter lange Sandsteinkonstruktion).

Hagen-Vorhalle: Museum ***Wasserschloss Werdringen***.

Alt-Wetter: ***Burgruine Alt-Wetter***, ***Harkortturm*** (1884).

Wengern (Wetter): ***Henriette Davidis Museum***, mittelalterliche ***Dorfkirche*** mit bemerkenswerter Ausstattung, ***Haus Hove*** (ehemaliges Rittergut), ***Elbschetalviadukt***, ***Schlebuscher Erbstollen***.

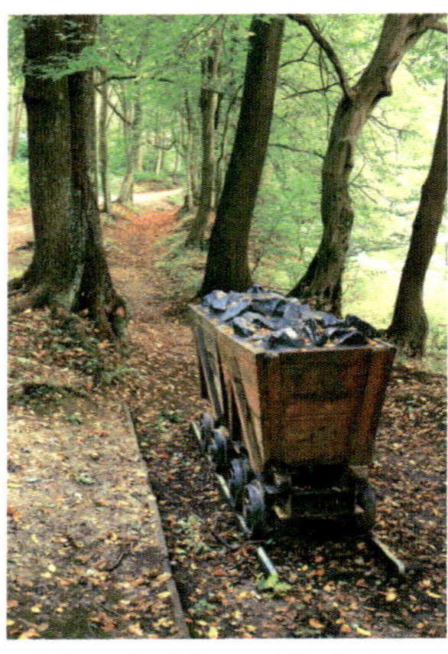

Lore der Muttent(h)albahn

Witten: ***Märkisches Museum, Industriemuseum Zeche Nachtigall*** und ***Muttenthalbahn, Zeche Theresia, Burgruine Hardenstein, Tummelmarkt*** (4 x im Jahr), ***Helenenturm, Berger-Denkmal.***

Witten-Herbede: ***Rittergut Haus Herbede*** (11. Jh.).

Bochum-Stiepel: 1.000 Jahre alte ***Dorfkirche.***

Hattingen: ***Haus Kemnade*** und siehe **„Blick auf. . ." Seite 76.**

Bochum-Dahlhausen: ***Eisenbahnmuseum, RuhrtalBahn.***

Baldeneysee: ***Villa Hügel mit Park, Schloss Baldeney, Haus Scheppen*** (mittelalterliche Ruine).

Essen-Werden: Ehem. ***Benediktiner-Abtei*** (Ruhestätte des Hl. Liudger), ***Basilika St. Ludgerus*** (einer der bedeutendsten spätromanischen Kirchenbauten im Rheinland), ***St.-Lucius-Kirche*** (älteste Pfarrkirche nördl. der Alpen).

Essen: UNESCO Welterbe ***Zeche Zollverein, Grugapark, Ruhr Museum, Museum Folkwang, Alte Synagoge*** (eine der größten, besterhaltenen und architektonisch beeindruckendsten Zeugnisse jüdischer Kultur deutscher Vorkriegszeit), ***Münster*** mit dem ***Essener Domschatz*** (u.a. Goldene Madonna, um 980 – älteste erhaltene vollplastische Marienfigur des christlichen Abendlandes), ***Soul of Africa Museum*** (einziges Voodoo-Museum Europas).

Essen-Kettwig: ***Fachwerk-Altstadt,*** hist. ***Brücke*** über den Mühlengraben (1786), ev. ***Marktkirche*** mit Turm (13. Jh.), klassiz. ***Pfarrkirche St. Peter, Rathaus*** mit ***Stadtmuseum*** (kleines Heimatkundemuseum über Kettwiger Tuche, Handwerksbetriebe, Bahnen im Ruhrtal, Ruhrschifffahrt, Bücher & Landkarten).

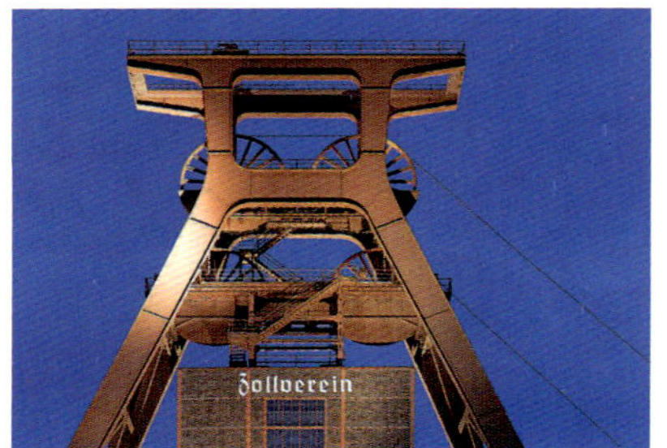

Mülheim an der Ruhr: Siehe **„Blick auf. . ." Seite 98.**

Weitere Aktivitäten an der Ruhr

Paddeln

Erfahrene Kanuten finden bei ausreichendem Wasserstand (meist nur im Frühjahr) auf den größeren Nebenflüssen wie ***Volme***, ***Lenne*** und ***Möhne*** landschaftlich und sportlich reizvolle Kleinflüsse.

Ganzjährig möglich sind 1 bis 2-Tagestouren auf dem „Westfälischen Meer", wie der ***Möhnesee***, NRW's größter Stausee, auch genannt wird.

Wandern

1. In und um den ***Wildwald Voßwinkel*** westlich von Neheim (600 Hektar, 134 Tierarten z. T. in weitgehend natürlichen durchwanderbaren Gehegen, nur wenige Tiere in Volieren und natürlich gestalteten Gehegen).
2. Auf 650 km Wanderwege im ***Arnsberger Wald***.
3. Durchs idyllische ***Tal der Heve*** (Naturpark Arnsberger Wald).
4. Auf den Spuren des „Schwarzen Goldes" wandert man auf dem ***Bergbaurundwanderweg Muttental*** bei Witten-Bommern, der mit insgesamt 30 Stationen die Geschichte des Bergbaus anschaulich macht (ca. 8,5 km).
5. Ein abwechslungsreiches, anspruchsvolles Wandergebiet ist auch die ***Elfringhauser Schweiz*** am südlichen Rand des Ruhrgebiets.
6. Auf dem 103 Kilometer langen historischen ***Handelsweg „Rennweg"*** von Neheim über Warstein und Büren nach Paderborn.

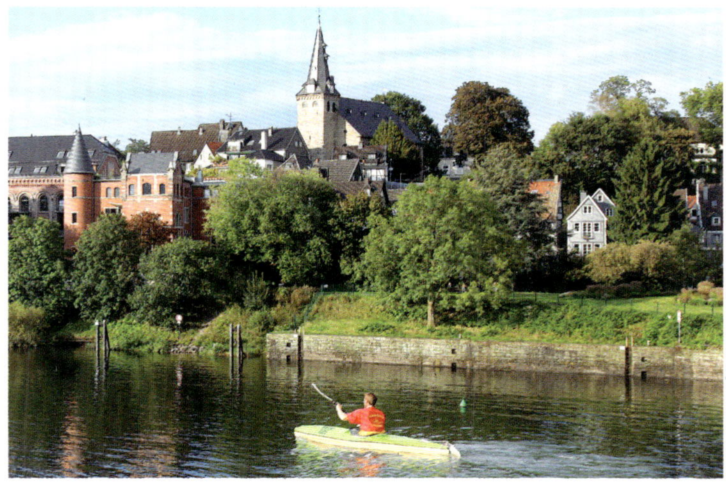

Einsamer Paddler vor Kettwig

7. ***Klassische Weitwanderwege*** der Region sind der ***Ruhrhöhenweg*** der auf einer Gesamtlänge von 244 km quer von Ost nach West durchs Ruhrgebiet führt und der 216 km lange ***Westfalenwanderweg*** zw. Westfälischer Bucht und Sauerland (www.westfalenwanderweg.de). Auf den Höhen des ***Ardeygebirges*** verläuft neben dem Westfalenwanderweg auch ein besonders ansprechendes Teilstück des ***Ruhrhöhenweges*** des Sauerländischen Gebirgsvereins von der Quelle bis zur Mündung der Ruhr (zahlreiche Aussichtspunkte ins Ruhrtal).

8. Zu den ***Ortswanderwegen*** zählen der ***Wittener Rundweg***, der ***Dortmunder Rundweg*** und der ***Herdecker Rundweg.***

Radfahren

1. Der bekannteste und beliebteste ***Fernradweg*** in der Region ist der vom ADFC mit vier Sternen zertifizierte, 240 km lange ***RuhrtalRadweg*** (www.ruhrtalradweg.de) von der Ruhrquelle bei Winterberg durch die waldreiche Mittelgebirgslandschaft des Sauerlands bis zur Mündung in den Rhein an der Rheinorange in Duisburg.

2. An vielen Stellen ist an den Ufern der Ruhr noch der ***Leinpfad*** zu erkennen. Hier zogen früher Pferde die Ruhrschiffe stromaufwärts. Die erhaltenen Leinpfadstrecken sind heute Spazier- und ***Radwanderwege***.

3. In Zukunft soll das über 1.200 km lange ***Radwegenetz***, überwiegend abseits der Straße auf alten Bahntrassen oder an Flussufern, unter dem Namen ***radrevier.ruhr*** (www.radrevier.ruhr) zusammengefasst werden.

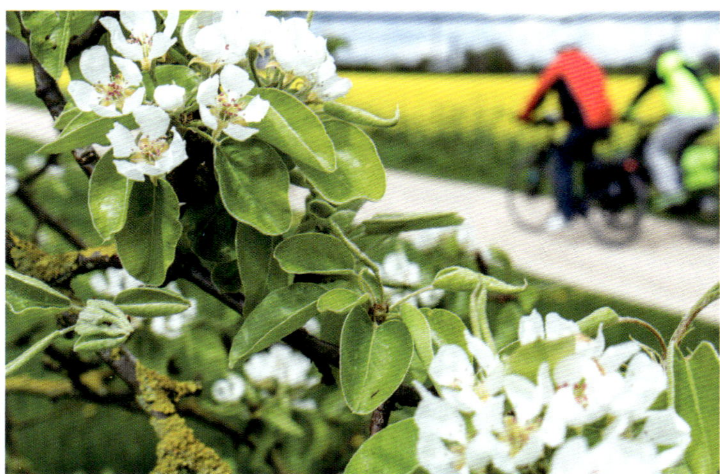

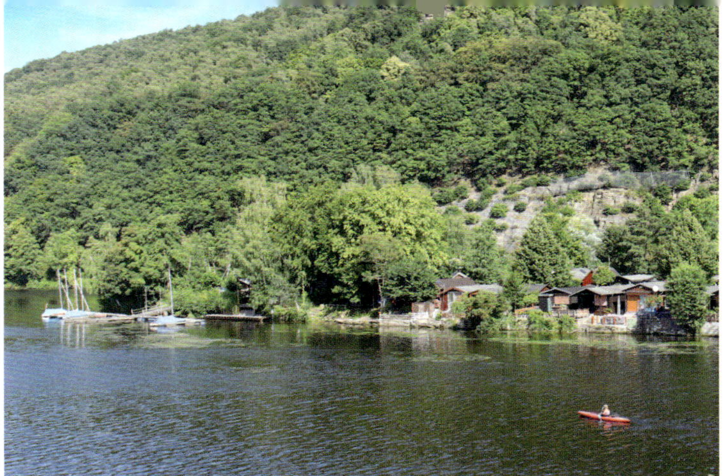

Mountainbike

Die Halden des Reviers sind ein unterschätztes Bikerevier. Zu den MTB-Highlights im Ruhrgebiet zählen die ***Cross Country-Strecke*** auf der **Halde Hoheward** und ein 4,4 km langer ***Enduro-Rundkurs*** auf der **Halde Hoppenbruch.**

In der ***Bike-Arena Sauerland*** (www.bike-arena.de) lässt sich von der Einsteiger-Route bis zu technisch anspruchsvollen Trails für jeden die passende Strecke finden. Sogar spezielle ***MTB-Touren für Kinder*** sind ausgewiesen.

Baden

Baden ist offiziell in der gesamten Ruhr verboten!

Frei-, Erlebnis- & Hallenbäder gibt es u.a. in **Arnsberg, Wickede, Hengsteysee** (Familienbad), **Herdecke** (Freizeitbad Bleichstein), **Wetter** (Natur-Freibad), **Witten** (Freizeitbad Heveney), **Hattingen** (Freibad Welper), **Essen-Steele** (Freibad), **Baldeneysee** (Seaside Beach Baldeney – erste und bislang einzige offizielle Badestelle an der Ruhr), **Kettwig** (Schwimmzentrum), **Mülheim a.d. Ruhr** (Naturfreibad Styrum).

Klettern

- ***Kletterwald Freischütz*** bei Schwerte (Mär-Okt), www.kletterwaldfreischuetz.de
- Klettern im ***Kletterwald Wetter*** (www.kletterwald-wetter.de)
- ***Steinbruch Isenberg*** bei Hattingen (nur für DAV-Mitglieder, www.dav-essen.de)
- ***Naturseilgarten*** am Seaside Beach Baldeney

Surfen, SUP, Segeln

- auf Harkortsee, Kemnader Stausee oder Baldeneysee (SUP s. Adressen).
  TIPP: ***SUP-GUIDE Nordrhein-Westfalen***, Thomas Kettler Verlag (www.sup-buch.de)

Wintersport

- Skifahren im Sauerland (www.wintersport-arena.de).

Veranstaltungen

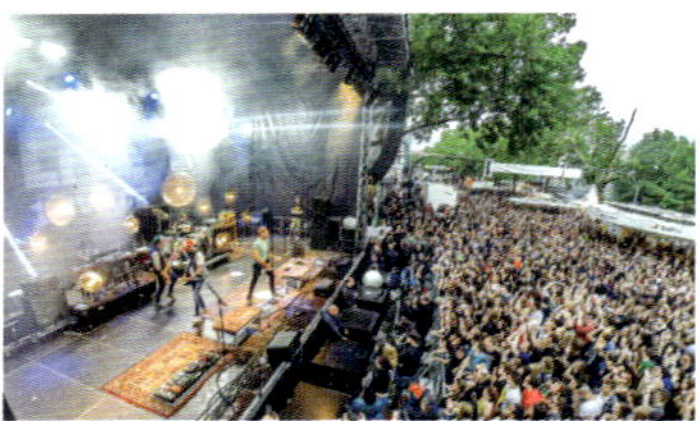

©Sebastian Humbek/Bochum Total, Pressefoto

Bochum: ***Bochum Total*** – Musikfestival im Bermudreieck, umsonst und draußen (Juli). *Foto oben.*

Duisburg: ***Traumzeit Festival*** – Musikfest vor der Kulisse des stillgelegten Hüttenwerks Duisburg-Meiderich/Beeck im Landschaftspark Nord (Juni).

NRW Kanu Testival auf der Regattabahn Duisburg (Mai/Juni).

Harkortsee: ***Seefest Wetter*** (Stadtfest, 2 Tage zw. Juli und Sep).

Kemnader See: ***Zeltfestival Ruhr*** – hochkarätige Konzerte und Comedy-Shows, ausgewählte regionale Gastronomie und ein internationaler Kunsthandwerkermarkt (Mitte Aug bis Anfang Sep).

„Hawaii Festival Kemnade" – Wassersportveranstaltung mit Konzert, Testimonial und vielen Mitmachaktionen (Ende Mai/Anfang Juni).

Kemnader See in Flammen – Volksfest mit Feuerwerk (Juni).

See- und Hafenfest – Volksfest rund um den Hafen Heveney (Juli).

Oberhausen: ***Kurzfilmtage*** (Mai)

Ruhr in Love – elektronisches Tanzmusik-Festival im OLGA-Park (Juli).

Mülheim a.d. Ruhr:
Ruhr Reggae Summer (August), ***Jugendfestspiele „Voll die Ruhr"*** am Wasserbahnhof (Juni/Juli).

Recklinghausen:
Ruhrfestspiele (Mai-Juni).

Witten: ***Days of Thunder*** – Drachenbootregatta (Juni).

Metropole Ruhr: ***ExtraSchicht*** – Nacht der Industriekultur (Kulturfest am letzten Samstag im Juni).

Ruhrtriennale – Festival der Künste in der gesamten Industriearchitektur. Das Festivalzentrum ist in der Jahrhunderthalle in **Bochum** (Aug-Sep).

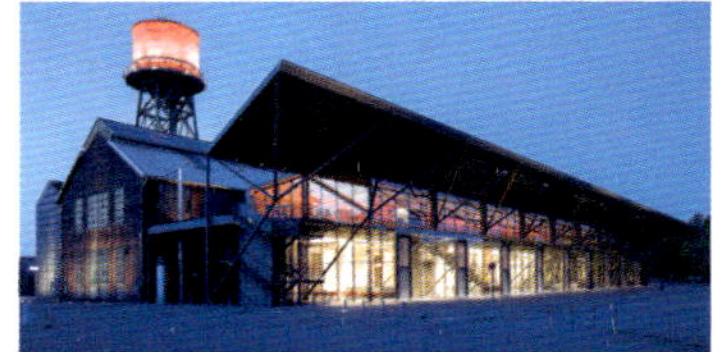

©Jahrhunderthalle Bochum/Ruhrtriennale

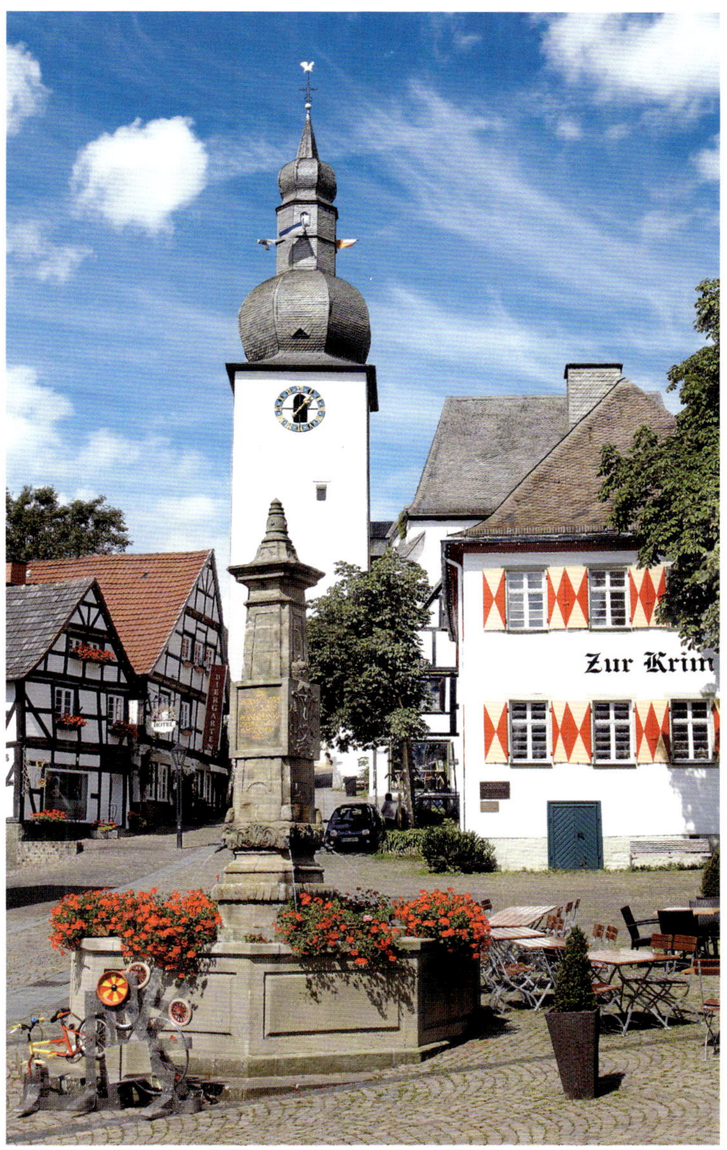

Der Alte Markt mit dem Glockenturm als Wahrzeichen ist Arnsbergs „Gute Stube“

Literatur-Tipps

- ***RUHRGEBIET.*** Metropolen, Industriekultur und Landschaften, *Reiseführer für alle Sehenswürdigkeiten & viele Ausflugstipps für Wanderer und Radfahrer,* Trescher Verlag.
- ***111 Orte im Ruhrgebiet die man gesehen haben muss:*** Reiseführer zu interessanten und auch versteckten Sehenswürdigkeiten, Emons Verlag.
- ***52 kleine & große Eskapaden im Ruhrgebiet: Ab nach draußen!,*** DUMONT.
- ***Nice to meet you, Ruhrgebiet:*** Auf Entdeckungstour ins Herz vom Pott, Polyglott.
- ***Naturzeit mit Kindern: Grüne Oasen im Ruhrgebiet:*** 40 Wander- und Entdeckertouren für Familien in der Metropolregion, Naturzeit Reiseverlag.
- ***Asterix Mundart Ruhrdeutsch III:*** Tour de Ruhr. *Comic in typischer „Pottsprache",* Egmont Comic Collection.
- ***KANU KOMPAKT Lippe,*** 15 Tagestouren zum Paddeln, Thomas Kettler Verlag.
- ***Die schönsten Kanutouren in Nordrhein-Westfalen:*** 20 Kanuwandertouren zwischen Eifel und Weserbergland, DKV-GmbH.
- ***Outdoor Regional – Ruhrgebiet,*** 20 Wanderungen, Conrad Stein Verlag.
- Klartext Verlag: Ruhrgebiet: ***Populäre Irrtümer und andere Wahrheiten*** I ***KOMPAKT:*** Der Ruhrgebiet-Erlebnisführer I ***Ritter, Ruinen & Romantik - Wanderführer*** zu Schlössern und Burgen im Ruhrgebiet I ***Märchenhaft wandern:*** Unterwegs zu den sagenhaften Orten im Ruhrgebiet I ***Blühende Oasen - Ausflugsführer*** zu Parks und Gärten im Ruhrgebiet I ***Auszeiten am Fluss - Freizeitführer*** für besondere Entdeckungen entlang der Ruhr I ***Abenteuer & Glücksmomente*** - Führer zur besonderen Orten entlang der Ruhr I ***Angeln im Ruhrgebiet.***
- Droste Verlag: ***Glücksorte im Ruhrgebiet.*** Fahr hin und werd glücklich: *Unkonventioneller Reisführer zu 80 ungewöhnlichen Orten* I ***Grüne Glücksorte im Ruhrgebiet:*** Geh raus und blüh auf I ***Ruhrgebiet. Radeln für die Seele:*** Wohlfühltouren I ***Dein Ruhrgebiet: Mausschlaue Freizeittipps.*** Reiseführer für Kinder mit der Maus.
- ***bikeline Radtourenbuch – Ruhrtal Radweg:*** Fahrradführer für die gesamte Strecke vom Sauerland an den Rhein mit Karten 1:50.000, Esterbauer Verlag.
- Belletristik: ***„So isset!:"*** Ruhrpott-Geschichten, Edition Paashaas Verlag I ***„Mord und Wischmopp":*** Cosy-Crime-Serie aus dem Ruhrpott, Ullstein I ***„Schlagwetter":*** Kriminalroman, Gmeiner Verlag I ***Ruhrpott-Krimödien*** von Lotte Minck, Droste Verlag.

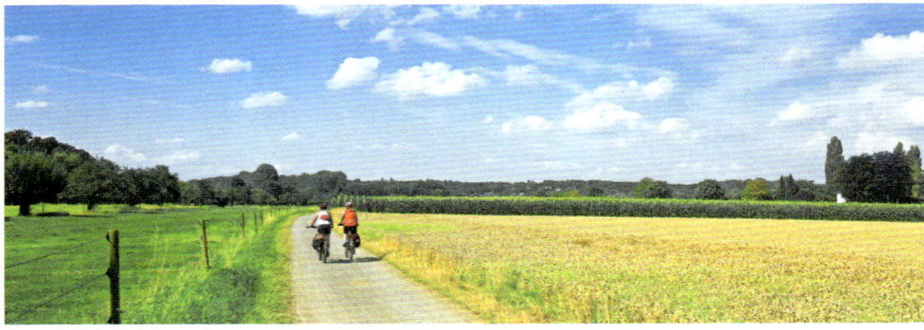

Ideal zum Radeln: Kein anderer deutscher Fluss verbindet Industriekultur und Natur auf so engem Raum

Länge und Dauer der Tour

Ca. 129 km, sportlich in 4-5 Tagen, als gemütliche Urlaubsfahrt in 7-8 Tagen plus Zeitbedarf für Besichtigungen und Ausflüge.

Etappenvorschläge

Tag	Tour	Entfernung
1.	Neheim-Hüsten – Fröndenberg	ca. 24 km
2.	Fröndenberg – Schwerte	ca. 15 km
3.	Schwerte – Wetter	ca. 17 km
4.	Wetter – Witten	ca. 17 km
5.	Witten – Hattingen	ca. 11 km
6.	Hattingen – Essen / Baldeney-See	ca. 24 km
7.	Essen / Baldeneysee – Mülheim	ca. 21 km

Tipps für Tagestouren

Tipp	Tour	Entfernung
a	Harkortsee / Herdecke – Zeche Nachtigal / Witten-Bommern	ca. 8 km
b	Bochum-Stiepel – Bochum-Dahlhausen	ca. 13 km
c	Bochum-Dahlhausen – Fährhaus Rote Mühle / Heisingen	ca. 12 km
d	Rundtour Baldeneysee von der Kampmannbrücke bis zum Wehr am Ende des Sees und zurück. *See-Länge ca. 7,8 km, Breite ca. 350 m*	ca. 14,5 km
e	Rote Mühle – Seaside Beach am Baldeneysee – Rote Mühle	ca. 15 km
f	Seaside Beach am Baldeneysee – Essen-Kettwig	ca. 10 km
g	Hattingen – Essen-Steele	ca. 14 km
h	Hattingen – Essen-Kupferdreh	ca. 20 km
i	Hattingen – Bochum-Dahlhausen	ca. 8 km
j	Essen-Horst – Baldeneysee	ca. 12 km

Umtragestellen

- Auf der vorgestellten Strecke von Neheim-Hüsten bis Mülheim behindern insgesamt ***26 Wehre*** die freie Fahrt.
- ***Bootsgassen*** gibt es erst im Unterlauf ab dem Kemnader Stausee und auch dort nicht an allen Wehren *(siehe auch Tabelle Seite 25)*.
- ***Befahrbare Bootsgassen*** sind aktuell in Herbede (km 69,2) Kemnade (km 64,2), Hattingen (km 57,1), Dahlhausen (km 50), Steele-Horst (km 47,4) und Steele-Spillenburg (km 43). Veränderungen immer möglich.
- ***Infos über die aktuelle Befahrbarkeit*** der Bootsgassen finden Sie unter: www.brd.nrw.de (Menu: Verkehr > Schifffahrt > Bootsgassen).
- Im ***Winterhalbjahr*** *(1.11.-15.4.)* ist nur die Bootsgasse Kemnade in Betrieb. Alle anderen können während dieser Zeit nicht genutzt werden.
- Die ***Ein- & Ausstiegstellen*** für die Portage sind in der Regel beschildert.
- Aufgrund der Länge einzelner Umtragestrecken ist ein ***Bootswagen*** sehr zu empfehlen.

Adressen

Alle Adressen zu Übernachtung in Wassernähe, Kanu-, SUP- & Fahrradvermietern, Sehenswürdigkeiten usw. sind im Adressteil ab Seite 100 in alphabetischer Reihenfolge der Orte aufgeführt.

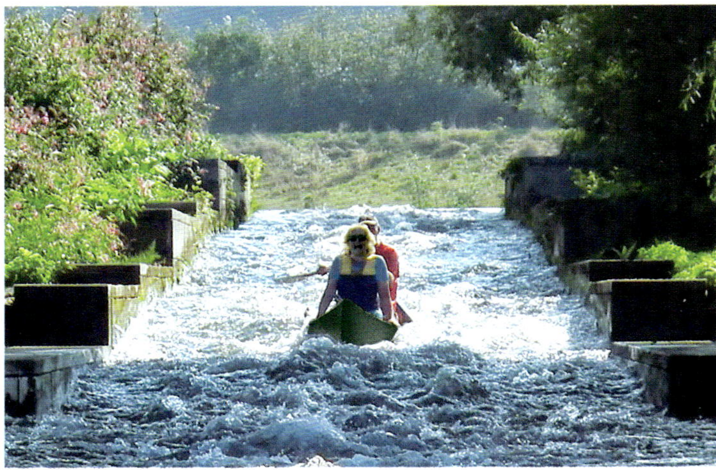

Kleiner Nervenkitzel: Mit dem Kanu durch die Bootsgasse

Auf der Ruhr von Neheim-Hüsten nach Mülheim a.d.Ruhr

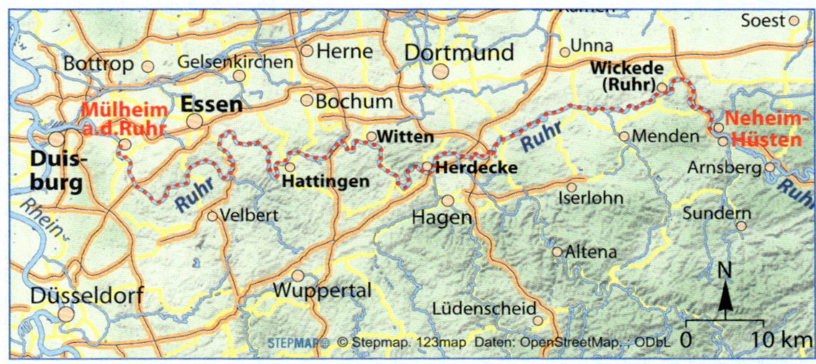

Das Ruhrtal liegt am Südrand des Ruhrgebiets und ist dank der guten Verkehrsanbindung mit allen Verkehrsmitteln gut zu erreichen.

Anreise mit der Bahn

Von Dortmund fährt der „Dortmund-Sauerland-Express" (RE 57) durch das obere Ruhrtal. Der Express verkehrt im Stundentakt, Fahrtzeit nach Neheim-Hüsten ca. 40 Minuten.
Infos: www.bahn.de

Anreise mit dem Fernbus

Mit dem FlixBus gelangt man aus einigen größeren deutschen Städten günstig nach Neheim-Hüsten.

Anreise mit dem Auto

Mit dem eigenen Pkw erreicht man den Startpunkt Neheim am schnellsten über die A 44 (Dortmund-Kassel) und die A 46 (Arnsberg-Brilon).

Einsetzstelle

Bootshaus des Ski- und Kanuclubs Neheim-Hüsten *(Dicke Hecke 40, 59759 Arnsberg)*.

Aussetzstelle

Am Wasserbahnhof vor der Schleuse in Mülheim *(Alte Schleuse 1, 45468 Mülheim an der Ruhr)*.

Zurück zum Pkw

Von Mülheim a.d. Ruhr kommt man in 1:30 Std. per Regionalzug mit Umstieg in Essen und Hagen problemlos nach Neheim-Hüsten. Es gilt der NRW-Tarif.

Der gut ausgebaute ÖPNV in der Metropole Ruhr macht eine individuelle Tourenplanung recht einfach. So lassen sich beliebige Teilstücke der Strecke paddeln und nach der Tour gelangt man per S-Bahn oder Zug schnell und ohne Aufwand zurück an den Startpunkt.

Die fehlende durchgehende Bahnverbindung zwischen Schwerte und Mülheim a.d. Ruhr macht Umwege über Hagen, Bochum oder Essen erforderlich.
Geschlossen wird die Lücke, zumindest teilweise, durch die historischen Museumszüge des Eisenbahnmuseums Bochum, die zu bestimmten Wochenendterminen im Sommer zwischen Bochum-Dahlhausen und Wengern-Ost verkehren.

Start km 141 (550 m) Eine gute Einsetzmöglichkeit auf der noch jungen Ruhr bietet das Bootshaus des *Ski- und Kanuclubs Neheim-Hüsten* (*Dicke Hecke 40, 59759 Arnsberg*). Dazu folgen wir dem Radweg am F-Café (*Frühstück und Bistroküche zu fairen Preisen*) vorbei bis zum Ende und finden neben ausreichend

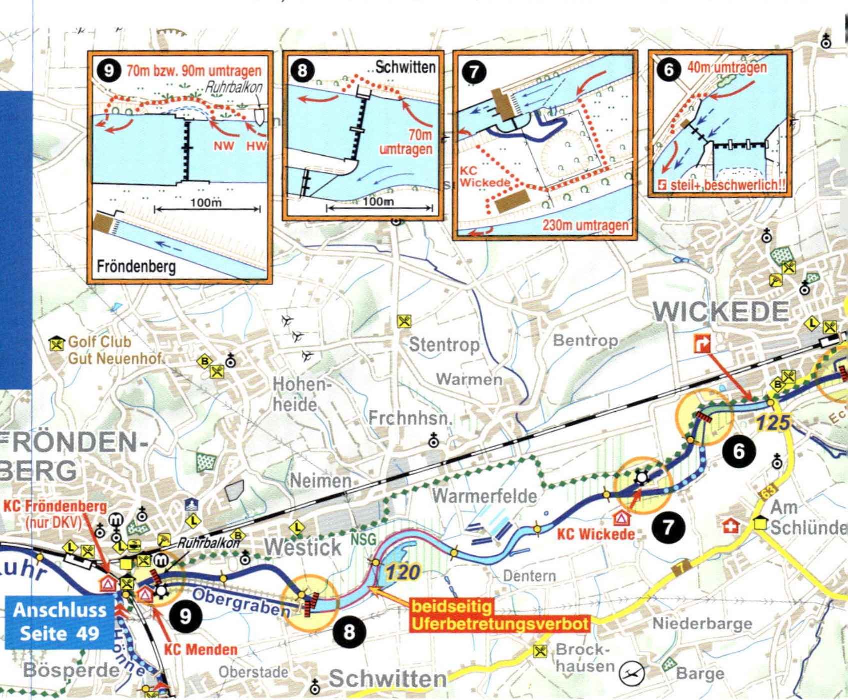

Neheim und *Hüsten* sind heute zwei Ortsteile der Stadt ***Arnsberg*** im Hochsauerlandkreis. Auf der Bahnhofseite, am südlichen Ruhrufer, liegt ***Hüsten*** mit der sehenswerten St. Petri Kirche. Auf dem Marktplatz findet alljährlich 2 Wochen vor Ostern der „Sauerländer Käsemarkt" statt. Die Hüstener Kirmes, das größte Volksfest des Sauerlandes, blickt auf eine 1.000-jährige Geschichte zurück und lockt im September mehr als 150.000 Besucher an.

*Der Spaziergang durch das historische **Neheim** ist geprägt von altehrwürdigen Burgmannshöfen und jeden Mittwoch und Samstag gibt es einen netten Wochenmarkt. Überragt wird der Marktplatz von der Pfarrkirche St. Johannes, die im Volksmund aufgrund der wuchtigen Abmessungen den Namen „Sauerländer Dom" trägt.*

Parkmöglichkeiten auch einen bequemen Steg unterhalb der Slalomstrecke mit Blick auf die Straßenbrücke.

Nach Rückkehr mit dem Regionalexpress nach Tourenende, läuft man vom Bahnhof auf der Bahnhofstraße nach links über diese Brücke und ist in weniger als 5 Gehminuten beim Auto.

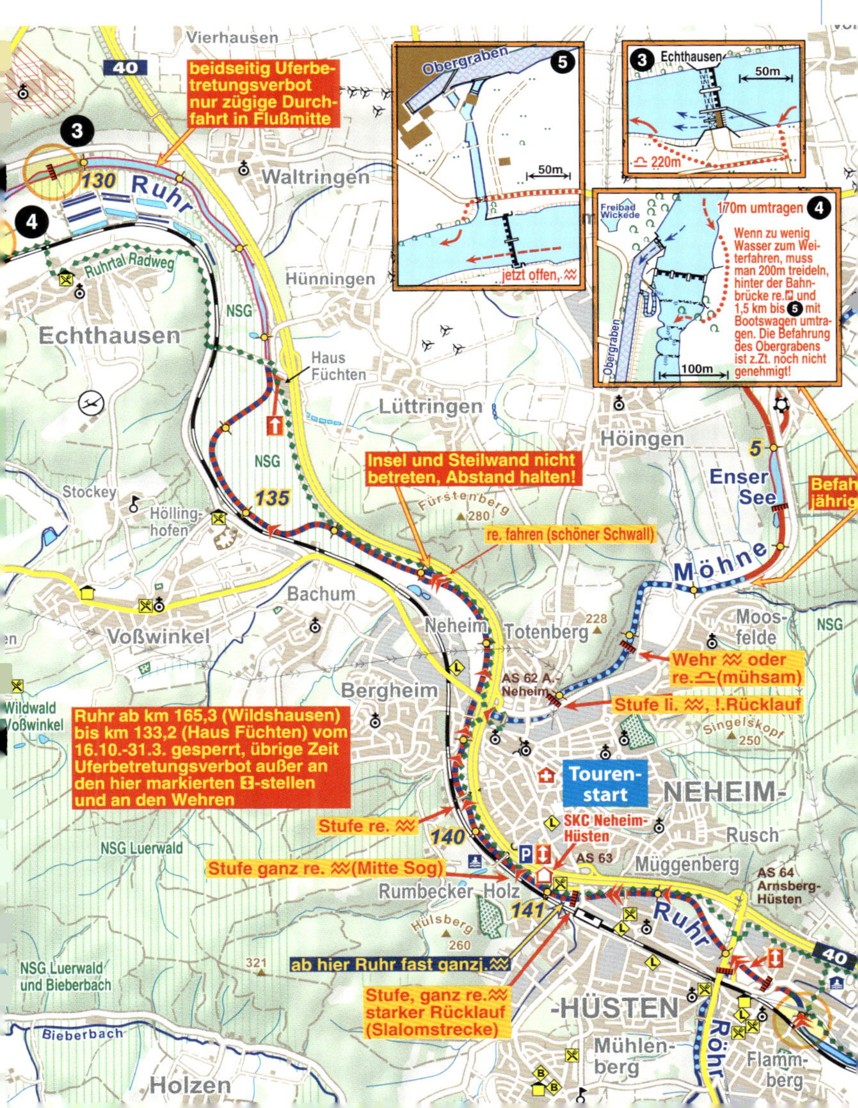

km 140,5 Am Ende des Sommers warten bei Niedrigwasser auf den ersten Metern bis zur ersten Fußgängerbrücke mehrere recht *flache Schnellen* und man muss, um den Stromzug zu entdecken, genau auf die Wasseroberfläche schauen, damit man nicht aufsetzt. Der Stromzug zieht dann oft in Hindernisse hinein und ist daher eher für erfahrene Tourenpaddler geeignet. Der Verkehrslärm der A 46 ist noch nicht verklungen, schon ist ein erster Silberreiher zu bewundern. In diesem Abschnitt wurde die Ruhr renaturiert und der Flusslauf fächert sich in mehrere Arme auf, sodass es weiterhin recht flach bleibt.

km 139,7 Vor der zweiten Fußgängerbrücke wartet eine *Stufe* und oftmals ist es gar nicht so einfach, die richtige Durchfahrt zu finden *(rechts fahrbar)*, denn am Prallhang, wo das meiste Wasser fließt, ragen umgestürzte Bäume über die Ufer.

km 138,7 Es folgen zwei Straßenbrücken in kurzem Abstand, zwischen denen von rechts die ***Möhne*** hinzufließt.

*Hier endet, bzw. beginnt der beliebte MöhnetalRadweg. Er verbindet die alte Hansestadt Brilon, den Quellort der Möhne, mit ihrer Mündung in die Ruhr. Große Teile der Route folgen der Trasse der alten Möhnetalbahn. Landschaftliches Highlight ist der **Möhnesee**, der zu den größten seiner Art in Nordrhein-Westfalen gehört.*

*Eine schöne, ca. 30 km Rundtour ist die Strecke von **Neheim** durchs **Möhnetal**, über die beeindruckende Staumauer der **Möhnetalsperre** und weiter entlang des Südufers. Von hier folgt man dem Radweg R 43 auf ungeteerten Forstwegen durch den **Arnsberger Wald** nach **Hüsten** und kommt dann auf dem RuhrtalRadweg zurück nach **Neheim**.*

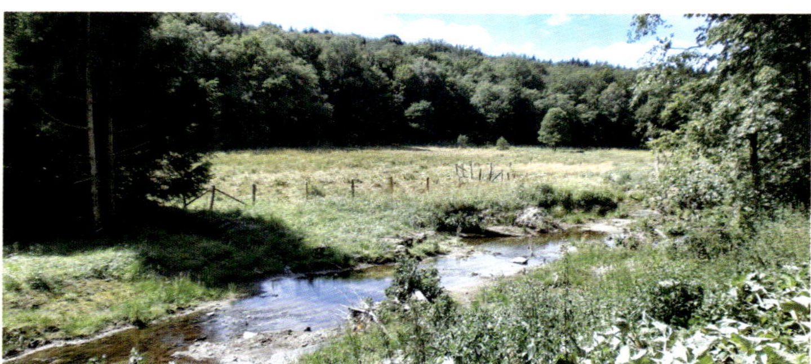

Der MöhnetalRadweg folgt dem kleinen Fluss Möhne bis zur Mündung in die Ruhr

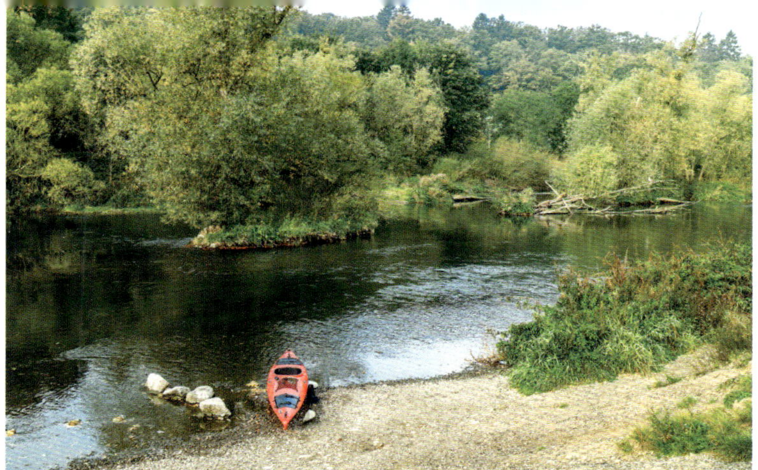

Renaturierter Ruhrabschnitt unterhalb von Neheim

Ein besonders schwarzes Kapitel der Geschichte verbindet **Neheim-Hüsten,** *ein Zentrum der Metallindustrie, wo im Zweiten Weltkrieg von über 1.000 Zwangsarbeitern auch Rüstungsgüter produziert wurden, mit dem Zwangsarbeiterlager Möhnewiesen und der Nacht vom 16. auf den 17. Mai 1943:*

Flugzeuge der Royal Air Force flogen Angriffe auf die Staumauer der Möhnetalsperre und zerstörten sie. Eine gewaltige Flutwelle ergoss sich ins Tal und zerstörte neben 200 Häusern und einigen Fabriken auch das Zwangsarbeitslager. Die genaue Zahl der Opfer ist unklar, aber unter den Zwangsarbeitern und Kriegsgefangenen gab es mindestens 526 Tote.

Lese-Tipp: **Als Deutschlands Dämme brachen:** Die Wahrheit über die Bombardierung der Möhne-Eder-Sorpe-Staudämme 1943, **Motorbuch-Verlag** *(antiquarisch)*

Etwa 350 Meter hinter der zweiten Brücke folgt eine weitere gut fahrbare ***Stufe***. Die Ruhr wird nun recht breit und obwohl die Autobahn immer in Hörweite ist, wird es ausgesprochen grün. 

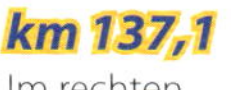

km 137,1

Im rechten Flussarm fahren

Am Ende der folgenden Linkskurve teilt sich die Ruhr und umfließt eine Insel in der Flussmitte. Da links am Uferabbruch Uferschwalben nisten, ***fahren wir zügig durch den rechten Arm***, mit deutlichem Stromzug zum Ufer (*Achtung: Büsche*). Durch den Kiesuntergrund ändert sich die Situation allerdings immer mal wieder. 

Eine Beobachtungsmöglichkeit böte rechts der *Aussichtsturm* am ***RuhrtalRadweg***, der vom Boot aus leider unerreichbar ist. Die Ruhr entfernt sich nun für die Länge einer Flussschleife von der Autobahn und die Verkehrs-Geräuschkulisse wird etwas gedämpft.

km 133,2 Oberhalb der nächsten Straßenbrücke ist am rechten Ufer eine ***Ein- / Ausstiegstelle*** (*nicht direkt an der Brücke anlegen!*) zu finden. Auf einer kleinen Anhöhe am rechten Ruhrufer liegt das erstmals 1298 erwähnte ehemalige ***Gutshaus Füchten.*** *Die ursprüngliche Burg wurde um 1700 abgetragen und ein Schloss errichtet, das man 1726 um einen Kapellenflügel erweiterte.*

NSG Hinter der Brücke beginnt das ***Naturschutzgebiet „Ruhrstau bei Echthausen".*** Bis zum folgenden Wehr ist nur die zügige Durchfahrt in Flussmitte gestattet und es darf nicht anlegt werden (***ganzjährig beidseitiges Uferbetretungsverbot***). Die Ruhr umspült eine weitere Insel und auf der seenartigen Staustrecke kommt die Strömung auf den nächsten Kilometern praktisch völlig zum Erliegen.

km 129,7
umtragen li
s. Detailkarte 3
Seite 39

Am Ende legen wir vor dem *Wehr* in **Echthausen** am linken Ufer für die Portage an, die *Umtragestrecke* ist 220 Meter lang und mit Hinweisschildern vorbildlich markiert.

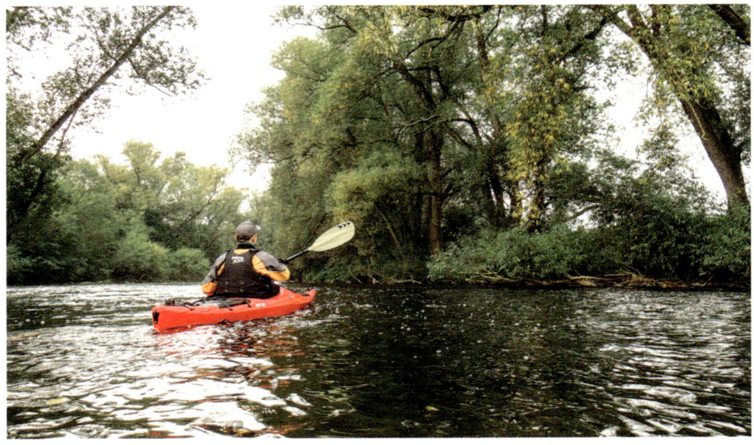

Idyllische Ruhraue bei Voßwinkel

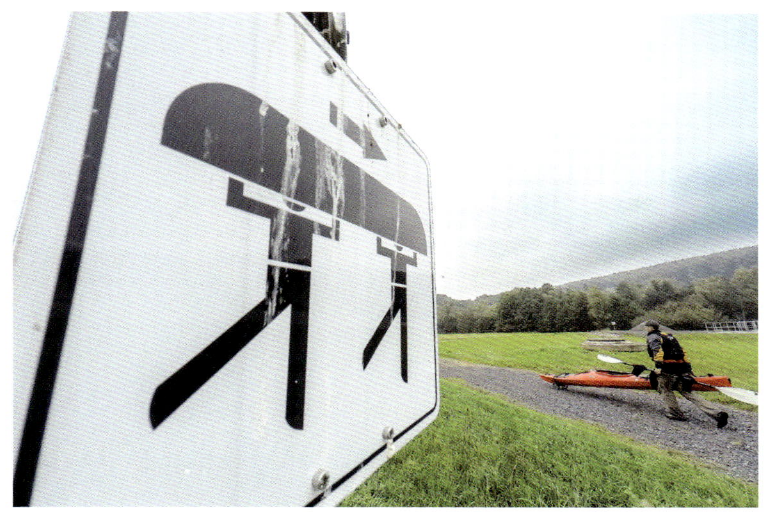

Die Umtragestellen im Oberlauf der Ruhr sind gut beschildert

Das nächste *Wehr* wartet nur etwa einen Kilometer weiter. Da der ***Obergraben*** nicht befahren werden darf, muss man am linken Ufer *umtragen*. Die Portage am Wehr ist schnell bewältigt, der eigentliche Ärger fängt erst dahinter an.

km 128,4

umtragen li.
s. Detailkarte 4
Seite 39

Auf der folgenden Strecke wurde die Ruhr renaturiert und die meiste Zeit des Jahres reicht der ***Wasserstand*** nicht für eine Befahrung dieses Abschnitts bis Wickede aus.

Wer die folgenden 2 km nicht treideln möchte, steuert hinter dem Wehr das gegenüberliegende rechte Ufer an und setzt hinter der Bahnbrücke aus, um das Kanu auf den Bootswagen zu verladen und über den Wanderweg zwischen Obergraben und Ruhr 1,5 km entlangzuschieben. Am Ende der renaturierten Strecke lässt sich das Boot am flachen Ufer auf Höhe des ehemaligen Wehrs wieder gut ins Wasser einsetzen.

Der Wasserstand ist oft zu niedrig! Entweder muss man **2 km treideln** *oder auf dem Wanderweg* **1,5 km mit Bootswagen umtragen**

Hinter dem *ehemaligen Trommelwehr* in **Wickede**, das jetzt offen und, wenn der Wasserstand ausreicht, *problemlos zu fahren* ist (*sonst rechts umtragen*), kommt das Wasser aus dem ***Obergraben*** zurück und der Wasserstand der Ruhr wird wieder besser.

km 125,8

offen, fahrbar
s. Detailkarte 5
Seite 39

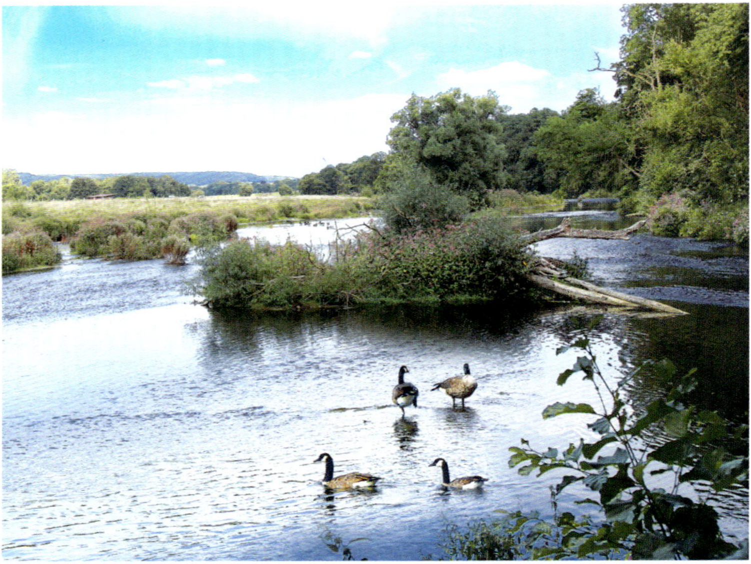

Auf den renaturierten Flussabschnitten wird das Paddeln manchmal schwierig

km 125

(1.100 m)

Gasthaus & Schnitzelparadies Erlenhof
(02377) 80 97 25
Mi Ruhetag, werktags ab 17, Sa, So ab 11

Vor der Straßenbrücke am Ortsende von **Wickede** hat die in einer ehemaligen Tankstelle untergebrachte ***Bäckerei*** für die Kaffeepause gelbe Liegestühle direkt am Ruhrdeich aufgestellt. Wer am Wochenende unterwegs ist und in der Mittagszeit Hunger auf etwas Herzhaftes verspürt, findet nebenan das ***Gasthaus & Schnitzelparadies Erlenhof.***

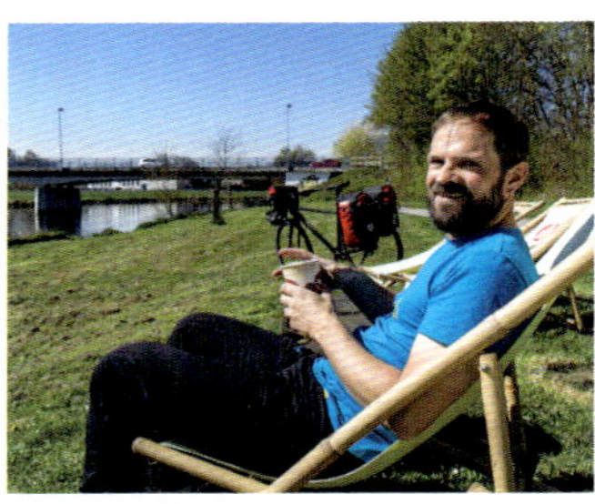

Gemütliche Kaffeepause am Ruhrdeich in Wickede

umtragen re
s. Detailkarte 6 Seite 38

km 124,3 Nach 500 Metern ist auch schon das nächste *Wehr* erreicht. Zum *Umtragen* legt man rechts davor am kleinen *Parkplatz* an.

Der anschließende Einstieg in den ***Obergraben*** ist leider recht steil und beschwerlich.

Bereits nach 1 km versperrt wieder ein *Kraftwerk* die Weiterfahrt. Hier legt man für die 200 Meter lange *Portage* am linken Ufer an und kann dann, nach Umgehung des Fischaufstiegs, hinter dem Bootshaus des ***KC Wickede*** entweder in den Kraftwerkskanal oder die Ruhr einsetzen, beide Arme fließen nach wenigen Metern wieder zusammen.

km 123,3

umtragen li
s. Detailkarte 7
Seite 38

Kanuclub Wickede
0162-188 04 32

Nun stehen 4 Kilometer freie Fahrt an, die Ruhr verbreitert sich zu einem schmalen See und mit dem Stau kommt die Strömung praktisch völlig zum Erliegen. Rechts dehnt sich das 40 Hektar große ***Naturschutzgebiet Kiebitzwiese*** aus, das als Durchzugs- und Rastgebiet von Enten-, Säger- und Taucherarten aufgesucht wird ***(Uferbetretungsverbot)***.

km 121,9
NSG

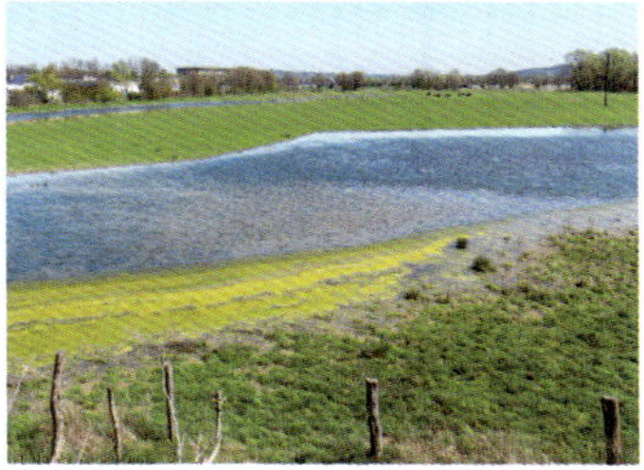

NSG Kiebitzwiese

Das *Wehr* in **Schwitten** wird am rechten Ufer *umtragen*.

km 119

umtragen re
s. Detailkarte 8
Seite 38

Gleich hinter dem „Ruhrbalkon" (Aussichtspunkt) ist das *Wehr* in **Fröndenberg** am rechten Ufer zu *umtragen*.

km 117,2

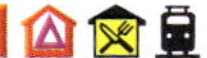
umtragen re
s. Detailkarte 9
Seite 38 & 49

An der Straßenbrücke in **Fröndenberg** bieten linksufrig die Treppen am Bootshaus des ***KC Menden*** eine gute Möglichkeit, um für einen Stadtrundgang anzulegen oder im Bootshaus zu übernachten. Auch einige Zelte finden auf dem Gelände Platz.

km 117
(500 m)

Kanu Club Menden
0163-292 36 14

Oben an der Brücke liegt das ***Hotel-Restaurant Haus Ruhrbrücke*** mit seinem schönen Biergarten, auf der Straßenseite gegenüber ***Das Neue Hotel am Park.*** Da direkt vor der Brücke Kraftwerks- und Wehrkanal zusammenfließen, ist die Strömung hier zunächst recht flott.

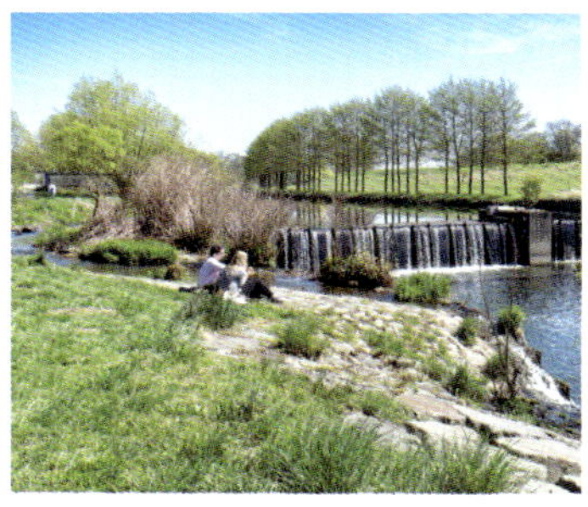

Wehr in Fröndenberg

Hotel-Restaurant Haus Ruhrbrücke
(02373) 721 69
tgl. ab 17.30, So 11-15, Di Ruhetag
Biergarten *Mo-Sa ab 16, So 11-15*

Das Neue Hotel am Park
(02373) 17 40 50

Kettenschmiedemuseum
Sa, So+Fei 10-16

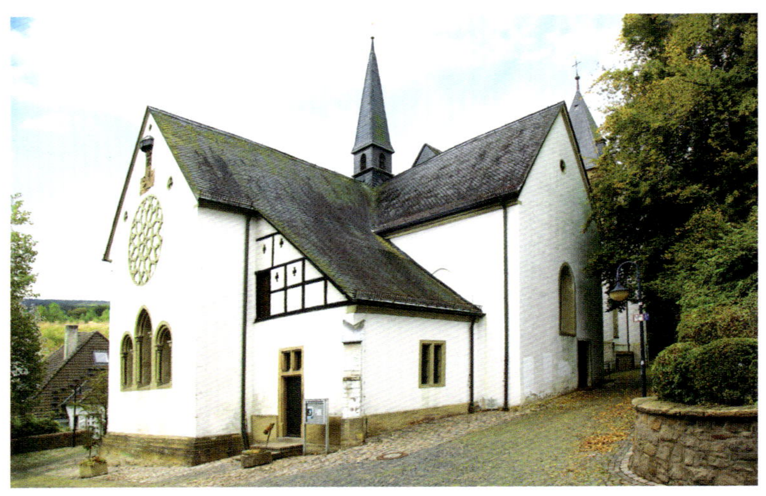

Kettenschmiedemuseum Fröndenberg *(So 10-17)*

Fröndenberg blickt auf eine wahrhaft „heiße" Geschichte zurück. Über 100 Jahre prägte die Produktion von Ketten die Industriegeschichte der Stadt. Sie begann Ende des 19. Jh., als geschweißte Ketten sowohl für den Schiffs- wie auch den Bergbau in großen Stückzahlen benötigt wurden. Bis ins 20. Jh. war neben der industriellen Produktion in Fabriken auch die Heimarbeit verbreitet und so loderten auf vielen Höfen rund um Fröndenberg die Schmiedefeuer.

Durch den Strukturwandel ist die Kettenindustrie zu Beginn des 21. Jh. nahezu vollständig aus Fröndenberg verschwunden, die Erinnerung an den einst wichtigen Wirtschaftszweig wird aber im Kettenschmiedemuseum lebendig gehalten. Untergebracht im ehemaligen Magazingebäude einer Papierfabrik, zeigt es verschiedenste Geräte und Maschinen und zu bestimmten Zeiten (siehe Website www.freu-dich-auf-froendenberg.de) gibt es Vorführungen über einem originalen Schmiedefeuer von 1910.

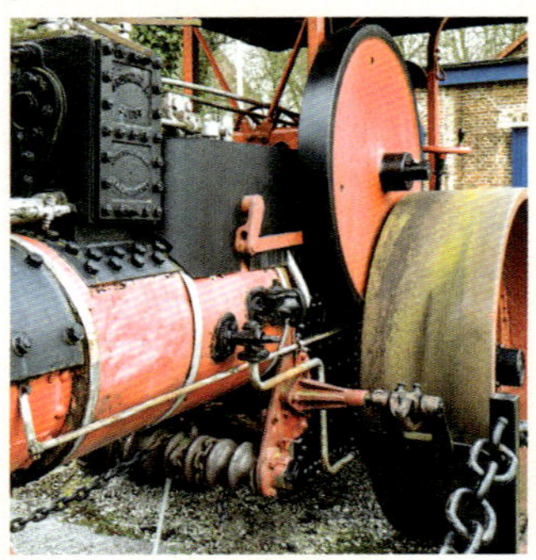

In unmittelbarer Nachbarschaft zu dem Backsteingebäude im Landschaftspark am Ruhrufer erinnert der Fröndenberger Trichter im Himmelmannpark (ehem. Papierfabrik) an die Papierproduktion. Einst diente er der Rohstoffrückgewinnung aus den Abwässern.

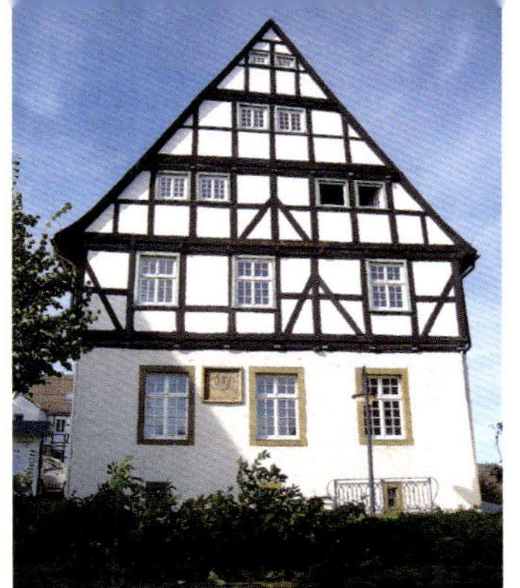

Direkt gegenüber der Stiftskirche im Zentrum von **Fröndenberg** ist in einem ehemaligen Abteigebäude der Klosteranlage das ***Heimatmuseum*** untergebracht und lädt zu einer Zeitreise in die Geschichte des Ortes ein.

Heimatmuseum
Mai-Okt, jeder 1. Sonntag im Monat 15-17 geöffnet

*An der Tourist-Info am Fröndenberger Rathaus beginnt die ausgeschilderte **„Zabel-Route"** auf der einst der in Unna lebende Radprofi Erik Zabel trainierte. Die 21 Kilometer lange Rundtour (es gibt auch eine auf 17 km verkürzte Strecke ohne „Bergwertung" für Freizeitradler und Familien) führt durch die Felder entlang der Ruhr bis nach Wickede und zurück.*

km 117,9

Hinter der Eisenbahnbrücke liegt am rechten Ufer das Vereinsgelände des *KC Fröndenberg* und gleich darauf mündet von links die ***Hönne*** in die Ruhr. Der Turm der St. Marienkirche wacht auf einer kleinen Anhöhe über die Innenstadt von Fröndenberg. Die Ruhr ist hier etwa 40 Meter breit und recht idyllisch. Entlang der Ufer zeigen sich Grau- und Silberreiher, das Geschnatter von Enten und der bellende Ruf der Nonnengänze ist weithin zu vernehmen. Für kurze Zeit schwimmt sogar ein Bisam neben unserer Bootsspitze her.

(nach Voranm.)
Kanu-Club Fröndenberg
(02373) 711 77

km 114

Die in Fröndenberg noch recht lebhafte Strömung schläft schnell ein und nach etwa drei Paddelkilometern liegt hinter einer weitgezogenen Rechtskurve das *Wehr* von **Halingen** vor uns, über das sich eine blaue Brücke spannt. Zum *Umtragen* legen wir direkt vor dem Absperrbalken am linken Ufer an und folgen der ausgeschilderten Umtragestrecke (ca. 150 m).

umtragen li
s. Detailkarte 10 Seite 49

*Vorrangig diente die 1912 angelegte Staustufe der **Trinkwassergewinnung.** Das zeitgleich errichtete Kraftwerk wurde im Zuge des Ausbaus der erneuerbaren Energien 2008 in ein Laufwasserkraftwerk umgerüstet, das pro Jahr im Schnitt 1,6 Millionen Kilowattstunden Strom liefert.*

km 112,8 Wieder im Boot, nimmt die Strömung gar nicht erst richtig Fahrt auf, denn schon 1.200 Meter weiter ist das *Wehr* am Wasserwerk Halingen in **Langschede** erreicht, *wo seit 1888 das gereinigte Ruhrwasser über große Becken in den Untergrund sickert, um das Grundwasser anzureichern.*

umtragen li
s. Detailkarte 11
Seite 49

Gegenüber der Lagerhallen des Stahlhandels setzen wir etwa 50 Meter hinter dem Warnschild *„Achtung: Kraftwerksanlage in 100 m Entfernung. Betreten verboten"* am linken Ufer direkt vor dem Balken aus, um kurz zu *umtragen*.

Die Betontreppen im Unterwasser des Wehrs liegen direkt in der *Strömung*. Wem das zu flott ist und beim Wiedereinstieg es ruhig bevorzugt, trägt noch 50 Meter weiter und kann dann am flachen Ruhrufer gut einsetzen.

Dahlhauser Landhaus
(02378) 869 62 37

Wen nun der Hunger plagt, der läuft zur Straße hinauf und trifft am Kreisverkehr vor der Brücke auf die *Schnitzelma-*

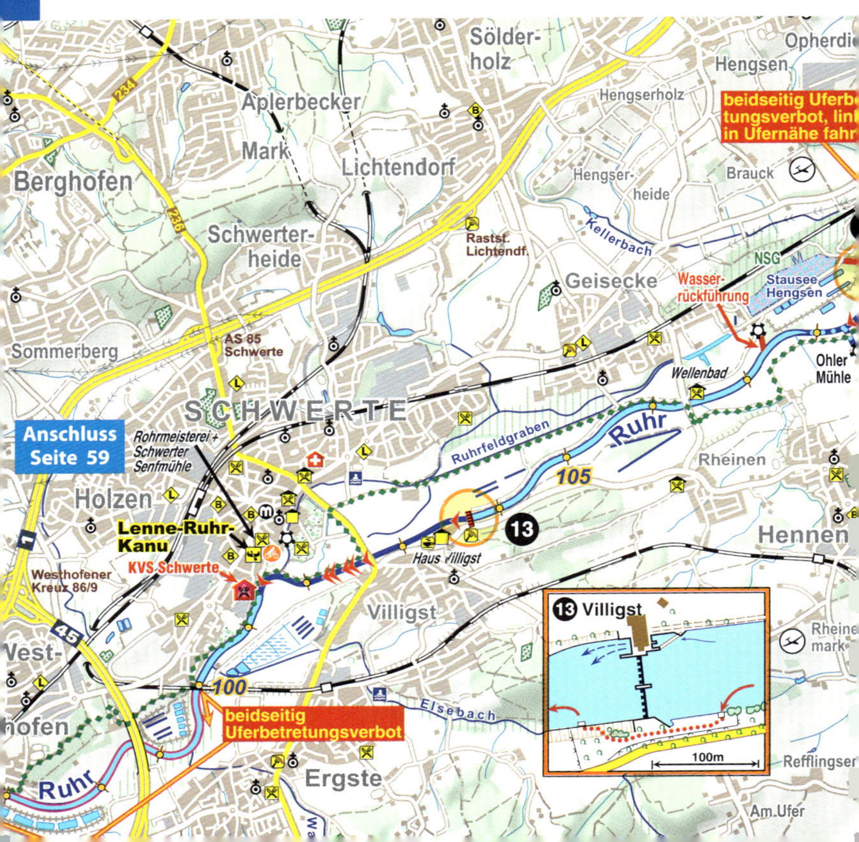

nufaktur Dahlhauser Landhaus mit einer unglaublich großen Auswahl an Schnitzeln in drei Größen.

Nur 9 km von hier ist in **Unna** der große *Outdoorladen Sport Schröer* mit *Kanu-* & *SUP-Vermietung* zu finden.

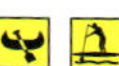

Sport Schröer
(02303) 17 93
Mo-Mi 10-18, Do+Fr 10-19, Sa 10-14

Bei der Weiterfahrt ziehen rechts ein paar weitere Fabrik- und Lagerhallen vorüber, es geht unter der Straßenbrücke der B 233 hindurch und schon bald sind die Ufer wieder grün.

km 111,5

Nachdem sich der ***RuhrtalRadweg*** vom rechten Ufer entfernt hat, passieren wir vor den Grundstücken und Bootshäusern der Vereine *KV Holzwickede* und *KK Unna* eine Rollenrutsche für den spritzigen Einstieg in die Ruhr und quer über den Fluss gespannte Slalomstangen. Gegen einen geringen Obolus können auch Nicht-DKV-Mitglieder ihr Zelt auf der schönen Wiese aufstellen.

Kanuklub Unna
(02378) 28 66

Kanuverein Holzwickede
(02301) 131 84

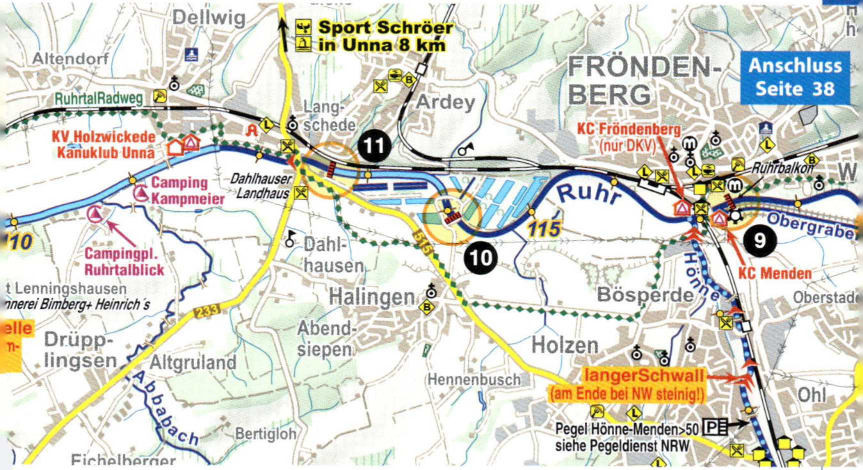

Dellwig
Altendorf
Sport Schröer in Unna 8 km
RuhrtalRadweg
Lang-schede
Ardey
FRÖNDEN-BERG
Anschluss Seite 38
KV Holzwickede
Kanuklub Unna
Camping Kampmeier
Dahlhauser Landhaus
KC Fröndenberg (nur DKV)
Ruhrbalkon
Ruhr
115
Obergraben
KC Menden
Dahl-hausen
Halingen
Campingpl. Ruhrtalblick
Lenningshausen
Bösperde
Hönne
Oberstadt
Drüpp-lingsen
Altgruland
Abend-siepen
Holzen
Hennenbusch
langerSchwall (am Ende bei NW steinig!)
Ohl
Abbabach
Bertigloh
Pegel Hönne-Menden>50
siehe Pegeldienst NRW

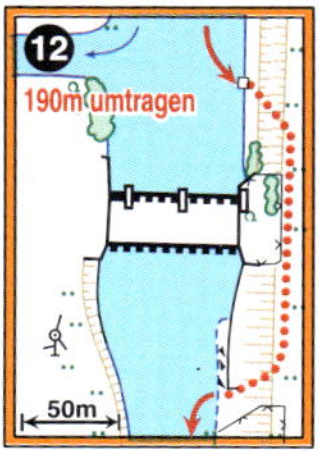

12 190m umtragen 50m

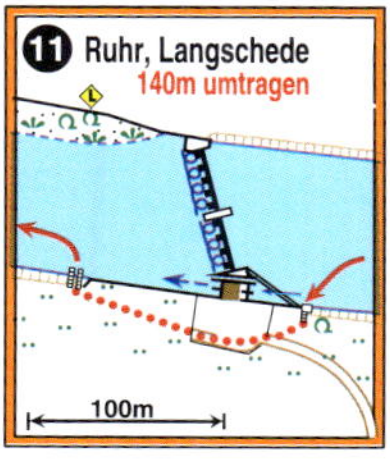

11 Ruhr, Langschede 140m umtragen 100m

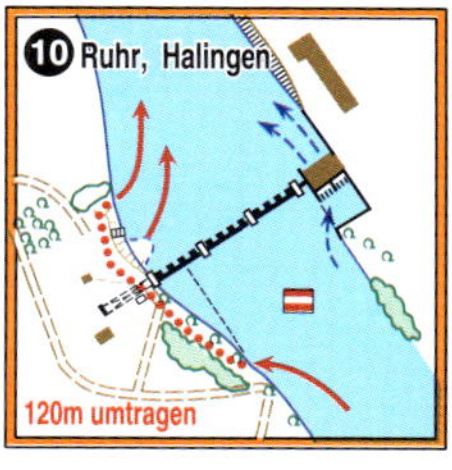

10 Ruhr, Halingen 120m umtragen

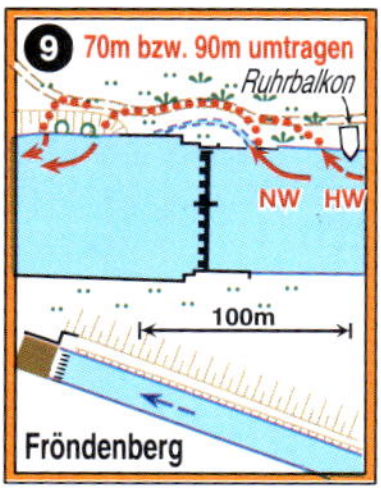

9 70m bzw. 90m umtragen Ruhrbalkon NW HW 100m Fröndenberg

km 110,8

Campingplatz Kampmeier
(02378) 22 05

Campingplatz Ruhrtalblick
(02378) 27 68
(nur WE)

Nur wenige hundert Meter später winken Fußgänger von der Brücke über die Ruhr den Paddlern zu und am linken Ufer reichen die Parzellen der Dauercamper auf den beiden benachbarten *Campingplätzen* bis ans Ufer, aber auch Wasserwanderer sind hier willkommen.

An den Wochenenden offeriert der letztgelegene *Campingplatz Ruhrtalblick* im Bistro kleine Gerichte zu günstigen Preisen.

Historische Brennerei Bimberg
(02378) 22 10
Mo-Do 9-17, Fr 9-13
nur Barzahlung

Restaurant Heinrich's
(02378) 86 83 900
Do-So, Di 18-24
reservieren!

Wer hier Station macht, könnte zum 30 Minuten Fußweg entfernten **Gut Lenninghausen** mit der *Historischen Brennerei Bimberg* laufen – idyllisch auf einer Anhöhe gelegen. *Auf dem zum Gut gehörenden Land reifen Frucht und Korn für ganz besondere Schnäpse und Liköre, die seit 1858 nach alten Rezepten in einer kleinen Manufaktur hergestellt und von Hand abgefüllt werden.*

Im Schnapslädchen *(nur Barzahlung)* können die Erzeugnisse gekauft werden. Nach Terminabsprache ist eine Besichtigung der historischen Brennerei mit einer der letzten Dampfmaschinen Westfalens, ihrer alten Getreidemühle und den traditionellen Destillierapparaten ebenso möglich wie eine Verkostung der Hausschnäpse.

Sterneverdächtig ist das auf dem Gelände angesiedelte *Restaurant Heinrich's.* Heimische Küche in Perfektion! Ohne Reservierung sollte man sich allerdings wenig Hoffnung machen.

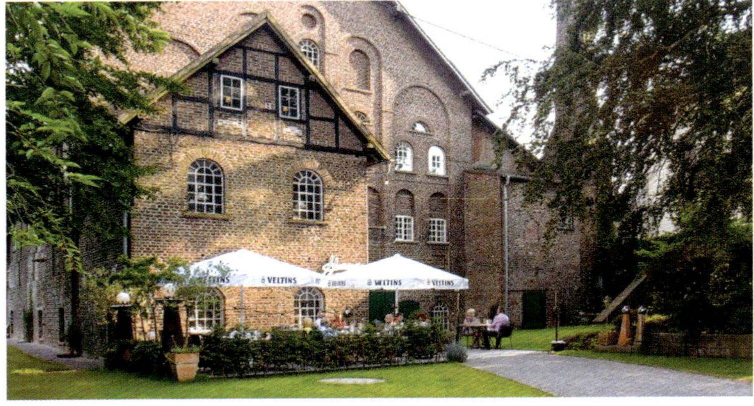

In direkter Nachbarschaft zum Gut Lenninghausen liegt das Restaurant Heinrich's

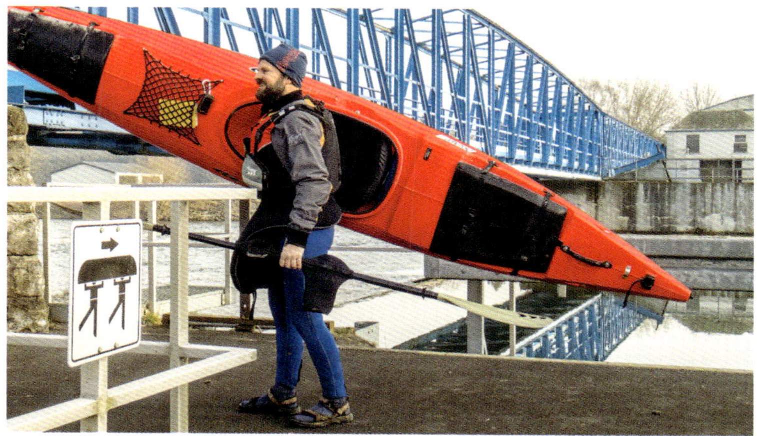

Das Wehr in Langschede ist schnell umtragen

Während das bewaldete, linke Ufer nun etwas höher aufragt, sonnen sich am gegenüberliegenden Ruhrufer die Gänse auf den flachen Wiesen.

Dort, wo zur Linken der Steilhang endet, ist die nächste Brücke (*Ruhrstraße*) erreicht. Auf dem folgenden Abschnitt bis zum nächsten Wehr besteht ein ganzjähriges, beidseitiges ***Uferbetretungsverbot*** und Paddler müssen sich links halten. **km 109,5**

Nach knapp 1 Kilometer legen wir gegenüber des nach rechts abzweigenden Kanals zum ***Stausee Hengsen*** am linksufrigen Steg an, um das ***Wehr*** zu ***umtragen.*** **km 109**

umtragen li
s. Detailkarte 12 Seite 49

Das Kraftwerk versorgt Teile von Dortmund und Iserlohn sowie Holzwicke und Schwerte mit Trinkwasser.

Eine Befahrung des ***Stausees*** ist nicht möglich. Das sich nördlich des Sees anschließende ***Naturschutzgebiet Bahnwald*** ist ein inselartiger Lebensraum insbesondere für Insekten, Amphibien, Reptilien, Fledermäuse und für z.T. gefährdete Vogelarten wie Habicht, verschiedene Grasmückenarten, Pirol, Wendehals und Nachtigall. **NSG**

Bald nach dem Wiedereinstieg mündet hinter einer von links in die Ruhr ragenden ***Betonstufe*** der ***Baarbach*** in die Ruhr. Behäbig wälzt sich der Fluss nun zwischen den Deichen für einen Kilometer voran, bis von rechts das Wasser aus dem ***Stausee*** zurückgeführt wird.

meist fahrbar
evtl. links umtragen

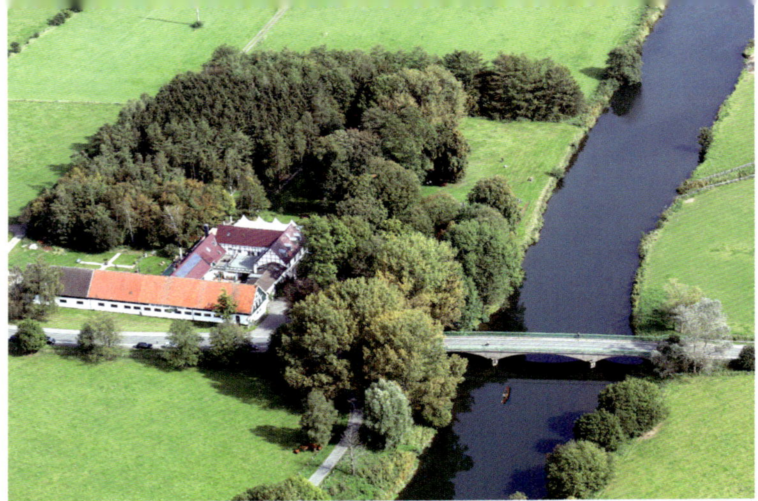

Für Paddler, die es gerne komfortabel mögen: Hotel Gutshof Wellenbad

km 106,3

Hotel & Restaurant Gutshof Wellenbad
(02304) 48 79
Restaurant
Do, Fr, Sa 18-23

An der nächsten Straßenbrücke (*Zum Wellenbad / Ruhrtalstraße*) blickt aus dem Garten des mehr als 150 Jahre alten **Gutshofs Wellenbad** (*Hotel & Restaurant*) ein steinerner Moai-Kopf auf die Ruhr. Auf der Terrasse direkt am Ufer werden saisonale Gerichte von mediterran bis zur „jungen" deutschen Küche serviert. Die Zimmer sind urig bis elegant und das „Wellenbadfrühstück" mit hausgemachten Marmeladen und Säften von eigenen Äpfeln und Quitten lässt einen den Paddeltag entspannt angehen.

Im weiteren Verlauf tritt eine stärker befahrene Straße ans linke Ufer, denn das mögliche Etappenziel Schwerte ist nun nicht mehr weit.

km 103,9

umtragen li
s. Detailkarte 13
Seite 48

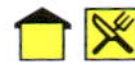

Haus Villigst
(02304) 75 50

Zuvor muss aber noch das *Wehr* am Wasserwerk **Villigst** am linken Ufer umtragen werden. Wenige Schritte hinter der Umtragestelle besteht die Möglichkeit komfortabel in dem zur evangelischen Kirche Westfalens gehörenden **Haus Villigst** zu übernachten. *Die kirchliche Bildungs- und Begegnungsstätte, errichtet auf dem Gelände einer 1815 abgerissenen Ritterburg, verfügt über 154 Betten, meist in Einzel- oder Doppelzimmern – auch für Einzelreisende.*

Die nächsten zwei Kilometer trägt uns die flotte Strömung dann fast von selbst nach **Schwerte** und es wird noch einmal richtig spritzig.

Hinter der Brücke der B 236 rauscht die Ruhr über *zwei* je nach Wasserstand mehr oder weniger stark ausgeprägte *Schwälle,* die aber problemslos fahrbar sind.

km 102,8

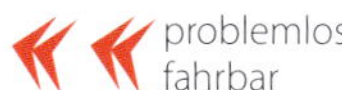

In der folgenden Kurve kündigen die im Fluss hängenden Slalomstangen den ***Kanu- und Surfverein Schwerte*** an. Hier können wir die Boote bequem aus dem Wasser ziehen (*Vorsicht beim Überqueren des Radwegs!*) und gegen einen kleinen Obolus unser Zelt aufschlagen. Kaffee, Kuchen, kleinere Speisen und sogar einen täglichen günstigen Mittagstisch gibt es.

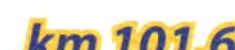

 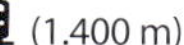

Kanu- und Surf-Verein Schwerte
(02304) 166 41

Auf dem ***Ufer-Wanderweg*** gelangt man in 800 Metern zur ***Rohrmeisterei Schwerte***. *Das rote Ziegelbauwerk wurde ursprünglich als Pumpstation für die Trinkwasserversorgung gebaut. Nach langem Leerstand heute als Kulturzentrum etabliert, bietet sie neben zahlreichen Veranstaltungen auch eine tolle Gastronomie (reservieren!) im stimmungsvollen Ambiente eines Industriedenkmals.* Auf dem Gelände findet man auch die ***Schwerter Senfmühle*** und den Kanu- & Radvermieter ***Lenne-Ruhr-Kanu***.

Kulturzentrum Rohrmeisterei
(02304) 201 30 01
Di-Fr ab 17
Sa/So ab 10

Schwerter Senfmühle *Mi+Sa 10-13*

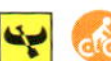

Lenne-Ruhr-Kanu
(02304) 616 99

Von hier ist es nur ein kurzer Spaziergang zum Marktplatz in der Altstadt von **Schwerte**.

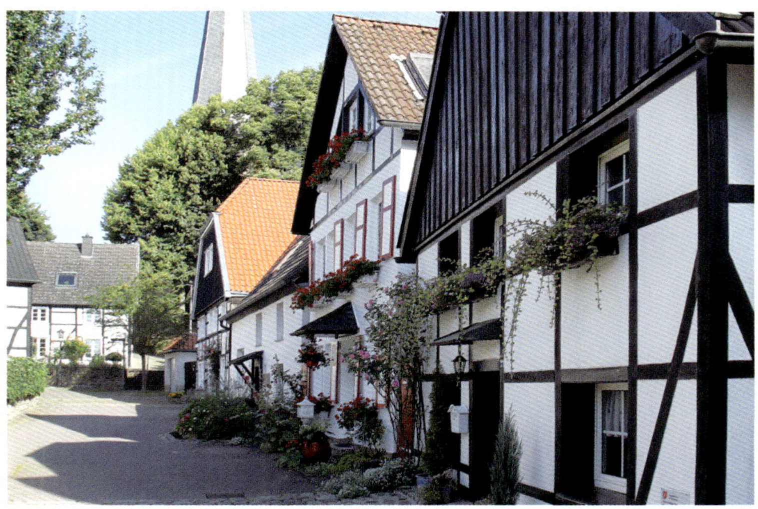

Die Schwerter Altstadt bezaubert mit charmantem Fachwerk

Blick auf Schwerte

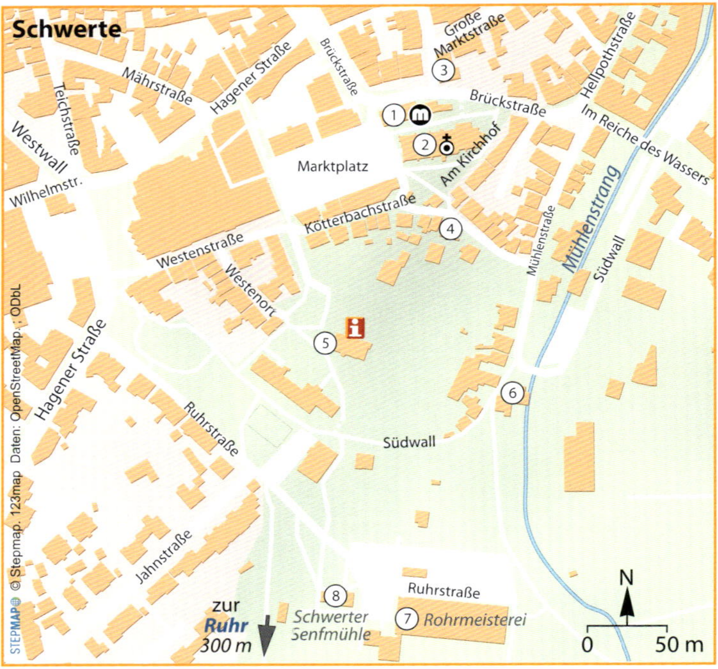

Im Mittelalter basierte die Wirtschaft der kleinen westfälischen Stadt, die in ihrer Blütezeit sogar der Hanse beitrat, auf dem metallverarbeitenden Gewerbe und vom 15. bis zum 16. Jh. brachte die Fertigung von Armbrüsten, Brustpanzern, Kettenhemden sowie Schwertern der Stadt einigen Wohlstand.

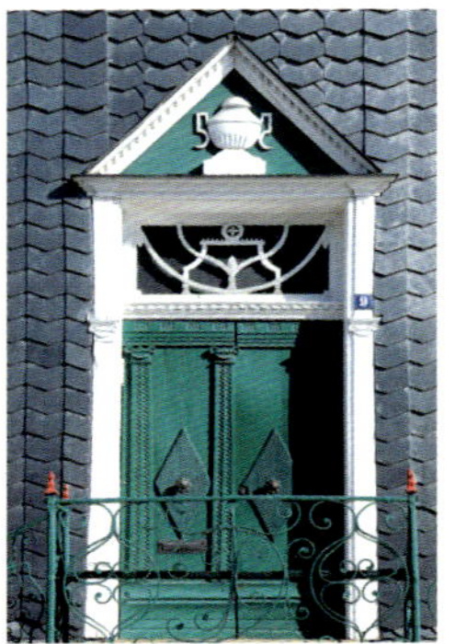

Im 17. Jahrhundert litt die gesamte Region unter Streitigkeiten, Seuchen und Stadtbränden und erst als Schwerte im 19. Jahrhundert an das Eisenbahnnetz angeschlossen wurde, siedelten sich wieder Betriebe der metallverarbeitenden Industrie an und verbesserten die wirtschaftliche Situation, so dass sich die Bevölkerung alleine zwischen 1885 und 1910 vervierfachte. Heute zählt die Stadt rund 50.000 Einwohner.

(1) ***Ruhrtalmuseum im Alten Rathaus.*** Dauerausstellung zur Geschichte von Stadt und Region. Der Grundstein des Gebäudes wurde 1547 gelegt, die Markthalle wird von neun spätgotischen Bögen umsäumt. *Brückstraße 14, Tel. (02304) 10 48 22, Eintritt frei.*

(2) ***St. Viktor-Kirche.*** Dreischiffige Hallenkirche aus dem 14. Jh. mit schiefer Turmspitze am Marktplatz. Hochchor von 1508 mit vergoldetem Antwerpener Schnitzaltar von 1523. *Am Kirchhof 1.*

(3) ***Calvin-Haus.*** Nach der St. Viktor-Kirche ältestes Gebäude in Schwerte. Mit markantem Stufengiebel, ursprünglich ein Weinhaus, später zur Kirche umgewandelt, heute Sitz der Ev. Kirchengemeinde. *Große Marktstraße 2.*

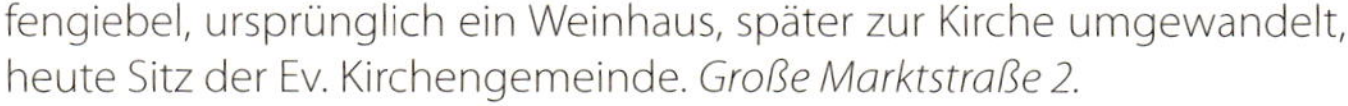

(4) ***Bährens-Haus.*** Klassizistisches Wohnhaus mit schönem Garten. *Kötterbachstraße 26.*

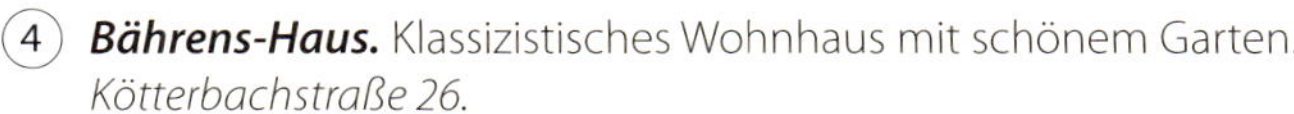

(5) ***Wuckenhof.*** Ehemalige zweigeschossige Hofanlage (16. Jh.) im Bereich der mittelalterlichen Burg. *Kötterbachstraße 2.*

(6) ***Alte Mühle.*** Ehemalige Wassermühle am Mühlenstrang. *Mühlenstr. 25.*

(7) ***Kulturzentrum Rohrmeisterei.*** Ursprünglich Trinkwasser-Pumpstation, später Werkhalle, heute Kulturzentrum mit hervorragender Gastronomie und Biergarten. *Ruhrstraße 20, Tel. (02304) 201 30 01,* www.rohrmeisterei-schwerte.de

(8) ***Schwerter Senfmühle.*** Älteste Senfmühle Westfalens in einem Nebengebäude der Rohrmeisterei. Produktion von Schwerter Senf nach historischem Kaltmahlverfahren und Rezept von 1845. *Ruhrstr. 16, Tel. (02304) 77 61 11, Mi+Sa 10-13,* www.schwerter-senfmuehle.de

---

Welttheater der Straße – Jedes letzte August-Wochenende verwandeln die besten Straßentheatergruppen aus der ganzen Welt die Schwerter Altstadt in eine große Theaterbühne www.welttheater-der-strasse.de

---

Schwerte Stadtmarketing, Postplatz 8, 58239 Schwerte, Tel. (02304) 975 39 50, www.schwerte-stadtmarketing.de

km 96,1

umtragen re

s. Detailkarte 14
Seite 59

Hinter Schwerte gibt es zunächst einmal gut 5 Kilometer freie Fahrt bis zum *Wehr Westhofen*, das knapp 300 Meter am rechten Ufer umtragen werden muss.

km 95,3

Hohenlimburger Kanu-Verein

Vor der Autobanbrücke der A1 zieht am linken Ufer das Gelände und Bootshaus des **Hohenlimburger Kanu-Vereins** *(nach vorheriger Anmeldung Zeltmöglichkeit)* vorbei.

Gemütliches Schlaffass beim Camping Hohensyburg

km 94

Camping Hohensyburg
(0231) 77 43 74

Gaststätte Zur Lennemündung
0175-486 19 39
Mär/Apr-Okt

Gut 1 km später übergibt noch vor der Eisenbahnbrücke von links die ***Lenne*** ihr Wasser an die Ruhr. Ein Stückchen weiter liegt rechts hinter dem Uferweg der komfortable 4-Sterne **Campingplatz Hohensyburg** (*Zelt, Campingfass*) und die **Gaststätte Zur Lennemündung** mit einem großen Biergarten. Neben Kaffee und Kuchen werden Gerichte vom Holzkohlegrill und wechselnde Eintöpfe sowie am Wochenende auch frisch geräucherte Forellen serviert.

Vom Campingplatz lassen sich ***fußläufig*** auf dem Bergplateau erreichen: *das Kaiser-Wilhelm-Denkmal, die um 1100 zur Sicherung des Ruhrübergangs erbaute Ruine Hohensyburg, die sehenswerte Kirche St. Peter zu Syburg mit dem danebenliegenden Friedhof, dem wohl ältesten Totenhof im Ruhrgebiet mit Grabsteinen aus dem 9. Jahrhundert und das Casino Hohensyburg, Deutschlands größtes Casino.* Direkt hinter dem Campingplatz bietet die Naturbühne **Hohensyburg** auf der idyllischen Waldbühne Theatergenuss auf hohem Niveau.

Besucherbergwerk Graf Wittekind
(0231) 71 36 96
und 85 14 26
Sa 9.30 nach vorheriger Anmeldung Führung möglich (kostenlos, Spenden willkommen)

*Wer etwas über die Bergbaugeschichte der Region erfahren möchte, besucht das nordwestlich der Ruine Hohensyburg im Wald gelegene **Besucherbergwerk Graf Wittekind** im **Dortmunder** Stadtteil **Syburg.***

Seit 1582 wurde in der Gegend Steinkohle abgebaut. Die letzte der insgesamt drei Abbauperioden endete um 1900 mit Aufgabe der Zeche Graf Wittekind, die seit 1997 als Besucherbergwerk genutzt wird.

Vorbei an den steil aufragenden Hängen des *Naturschutzgebiets Ruhrsteilhänge Hohensyburg,* die vorwiegend aus hartem Ruhrsandstein mit Abbruchkanten und Felsnasen bestehen, geht es auf dem 160 Hektar großen ***Hengsteysee*** am Nordufer entlang. Um die Ecke, in der Bucht, findet man den *Kanu- und SUP-Vermieter Kayabamba*.

NSG

Kayabamba
(0231) 344 07 74

Gegenüber des Seeschlösschens (*neben dem Kanuverein Wasserfreunde Hengsteyberg*), zur Zeit seines Baus Villa Niedernhofen, später Villa Funcke, genannt, steht auf einer kleinen Insel der Mäuseturm, der vor Errichtung des Stausees Brückenkopf einer Fußgänger-Hängebrücke über der Ruhr war. *Sein Besitzer, der Schraubenfabrikant Wilhelm Funcke, wollte seine Fabrik in Hagen jederzeit ohne Umwege erreichen können und erbaute daher die private eiserne Fußgänger-Hängebrücke über die Ruhr, welche zwischen zwei gezinnten „Burgtürmen" den Fluss überspannte. In einem von ihnen wohnte der Kutscher und befanden sich zudem die Pferdeställe und die Wagenremise.*

km 92,5

Ein Stück weiter liegt rechts das in den 1920er Jahren erbaute *„Koepchenwerk", eines der beiden ersten großen Pumpspeicherkraftwerke Deutschlands und heute im Besitz der Stiftung Industriedenkmalpflege und Geschichtskultur. Schon vor Ausbruch des Zweiten Weltkrieges stand das Koepchenwerk auf den Ziellisten britischer Bomber, konnte jedoch trotz mehrmaliger Angriffe nicht zerstört werden.*

km 91,2

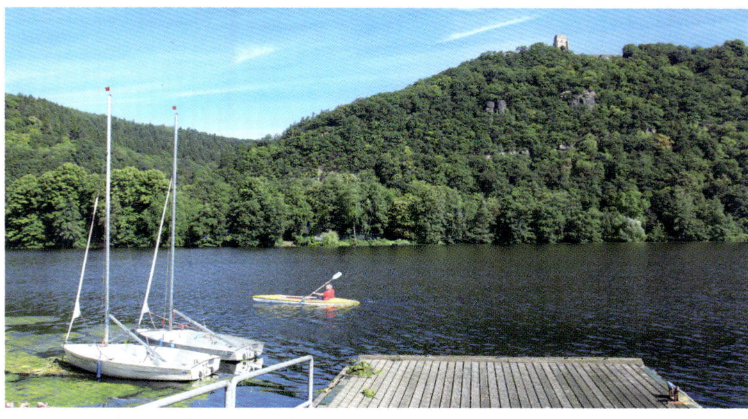

Kaiserwetter beim Paddeln unter den Ruhrsteilhängen des Naturschutzgebietes Hohensyburg

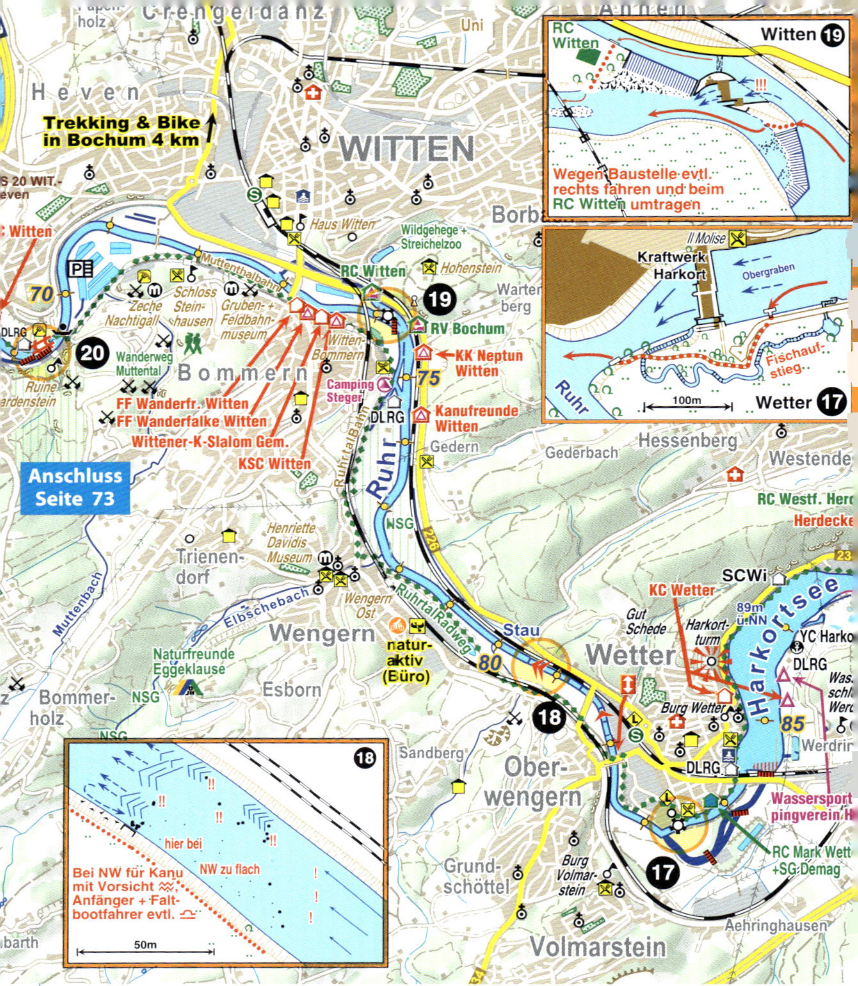

km 91

500 m

Kanu-Club Hagen
(02331) 611 48

Familienbad Hengstey
(02331) 20 85 20

Etwa einen Kilometer vor Seeende des ***Hengsteysees*** bietet die DKV-Kanu-Station des *Kanu-Club Hagen* am linken Ufer die Möglichkeit zur Übernachtung im Bootshaus oder zum Zeltaufschlagen auf der Wiese mit Seeblick. Sogar eine Sauna gibt es hier.

Das *Freibad* ist nur 500 Meter entfernt und die Kanu-Station ist ein guter Startpunkt für die beliebte, gut 12 km lange ***Rundwanderung um den Hengsteysee*** und hinauf zur ***Ruine Hohensyburg***.

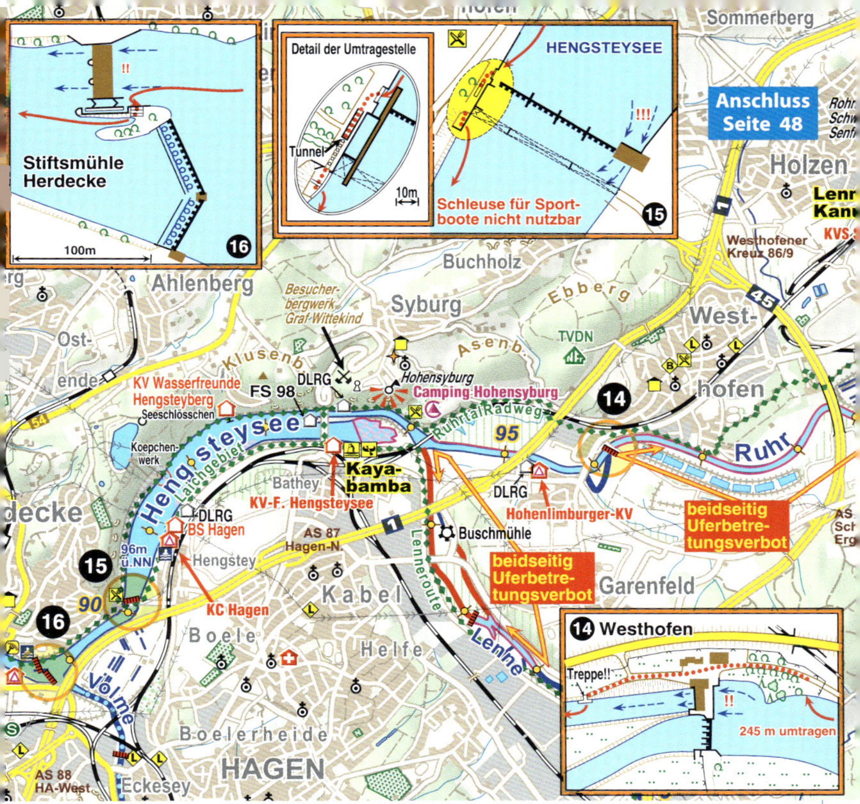

Das große *Walzenwehr* des Laufwasserkraftwerks, das den **Hengsteysee** aufstaut, wird durch einen Tunnel am rechten Ufer *umtragen*.

Nach einem kurzen Verbindungsstück ist am Zusammenfluss von ***Ruhr*** und ***Volme*** das *Kraftwerk Stiftsmühle* **Herdecke** erreicht. Die *Portage* führt über die Insel in der Flussmitte zwischen Wehr (links) und Laufwasserkraftwerks (rechts).

Gleich hinter dem Wehr liegt am linken Ufer das Vereinsgelände der *Wasserwanderer Hagen,* wo nach vorheriger Absprache auch im Bootshaus übernachtet werden kann. Von hier sind es über die nahe Brücke nur 1.400 m bis zum ***Freizeitbad Bleichstein*** *(Mi-So 12-19)* direkt an der Ruhr. Attraktion ist das Spaßbecken mit 100 Meter langer Riesenrutsche, Geysir, Wildwasserkanal und Wasserfällen.

km 90

umtragen re

s. Detailkarte 15 Seite 59

km 88,8

mittig umtragen

s. Detailkarte 16 Seite 59

km 88,6

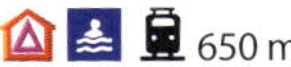
650 m

Kanuverein Wasserwanderer Hagen

(02330) 38 58

Der **4 km** lange **Energiewirtschaftliche Wanderweg** vom **Harkort**- bis zum **Hengsteysee** entlang dem nördlichen Ruhrufer, informiert auf 10 Schautafeln über die energiewirtschaftlichen Einrichtungen der Region.

*Hin und zurück **3 km** ist der **Spaziergang** durchs **Naturschutzgebiet Kaisbergaue,** flussab am südlichen, Hagener Ufer gelegen, zum Kulturdenkmal **Herdecker Ruhr-Viadukt**. Auf dem Weg schmiegen sich ruhende Gewässer wie an einer Perlenschnur aufgereiht an den Auenrand. Das erklärt auch den hohen Insekten- und Amphibienanteil des 11,5 Hektar goßen Geländes. Rund 15 Libellen- und 16 Schmetterlingsarten schwirren über Wasser und Wiesen und drei Arten von Fledermäusen leben in dem Gebiet.*

*Der **Eisenbahnviadukt**, 1877-78 erbaut, um Herdecke an die Linie der Bergisch-Märkischen Eisenbahn anzuschließen, galt damals mit seinen 12 Bögen als technisches Meisterwerk.*

km 87,5

Ringhotel Zweibrücker Hof
(02330) 60 50

Café Extrablatt
(02330) 892 90 09
tgl. ab 9

Unmittelbar hinter der Straßenbrücke liegt rechts das *Ringhotel Zweibrücker Hof* (*Schwimmsteg*) mit seinem sehr ansprechenden Biergarten. Ein Stück weiter entstand auf dem ehemaligen Betriebsgelände des Landtechnik-Maschinen Herstellers Westfalia das neue Quartier Ruhr-Aue unter dem Motto „Wohnen am Fluss" mit großem Einkaufszentrum. Auf der Außenterrasse des *Café Extrablatt* kann man seinen Kaffee mit Blick auf die Ruhr genießen. ***Das linke Ufer darf aus Naturschutzgründen nicht betreten werden***.

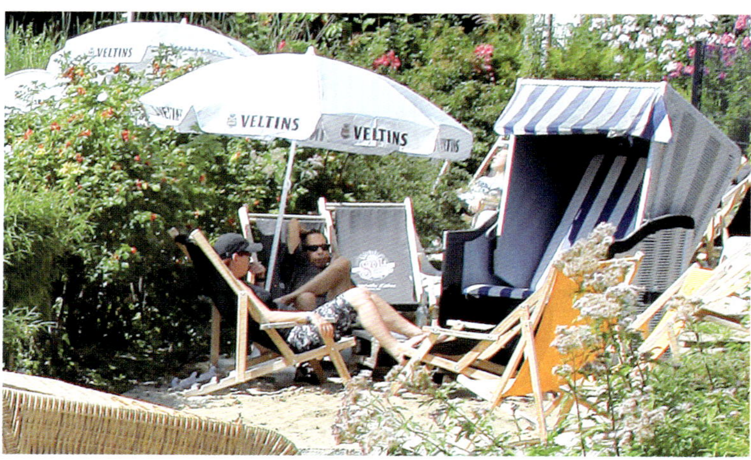

Nach einem anstrengenden Paddeltag lässt es sich im Garten des Ringhotels aushalten

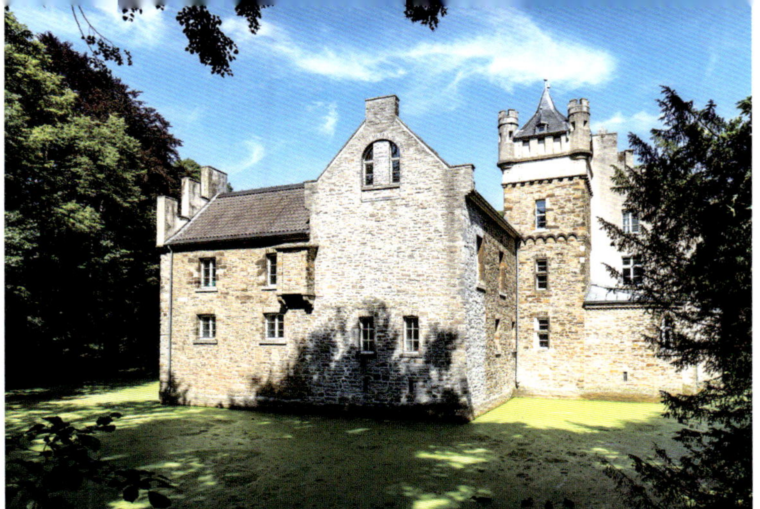

Das Wasserschloss Werdringen versteckt sich zwischen dem Harkortsee und dem Kaisberg

Viele Häuser der nahen historischen Altstadt von **Herdecke**, dem *Bachviertel, sind aus der alten Zeit erhalten geblieben und erinnern an Tage, als noch Kutschen und Pferdewagen durch die Straßen der Stadt fuhren.*

km 87

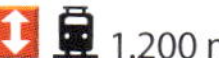 1.200 m

Wenige Paddelschläge weiter spannt sich das zuvor (im grünen Kasten) beschriebene imposante Bruchsteinviadukt der Rheinischen Eisenbahn in 12 kühnen Bögen auf einer Länge von mehr als 300 Meter über die Ruhr und markiert den Beginn des ***Harkortsees***.

km 85,2

Kanu Club Wetter
01515-249 31 02

Der kleine, aber feine Zeltplatz des Kanu Club Wetter liegt gegenüber dem Bootshaus am Ostufer des ***Harkortsees*** in **Hagen-Vorhalle** und durchreisende Kanuten sind hier gern gesehene Gäste.

Museum Wasserschloss Werdringen *(Do-Fr 10-17, Sa+So/Fei 11-18) Vom Zeltplatz der Wetteraner Kanuten ist es nur ein kurzer Spaziergang durch die Felder bis zum* ***Wasserschloss Werdringen*** *im* **Hagener Stadtteil Vorhalle**. *Der ehemalige Adelssitz aus dem 13. Jh. beherbergt heute ein interessantes Museum zur regionalen Erd- und Menschheitsgeschichte. Besonders beeindruckend ist, nicht nur für kleine Kinder, „Wolli von Werdringen", die originalgetreue Nachbildung eines Mammuts. Darüber hinaus gibt es die ältesten Fossilien in Westfalen, frühe Landpflanzen, riesige Ur-Insekten und Dinosaurier aus der Kreidezeit zu bestaunen.*

Gegenüber des Zeltplatzes erhebt sich am Südwestufer des ***Harkortsees*** die Altstadt von **Wetter** mit der weithin sichtbaren ***Burg***. Immerhin beträgt die Höhendifferenz innerhalb des Stadtgebiets rund 186 Meter, so dass man leicht ins Schnaufen gerät, will man dem hübschen Städtchen einen Besuch abstatten. Lohnend ist es allemal, allein schon wegen des Blicks von der Burg über den ***Harkortsee***.

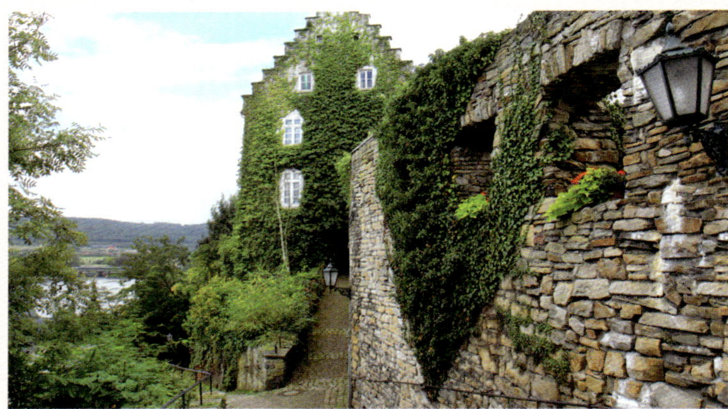

*Heute Ruine, war **Burg Wetter** eine der bedeutendsten Burgen des Tals – die märkischen Grafen verwalteten von hier aus ihre Besitzungen an der Ruhr. Zu Berühmtheit gelangte sie jedoch durch Friedrich Harkort (1793-1880), einem der wichtigsten Industriepioniere des Ruhrgebiets. Er gründete in der ungenutzten Burg 1819 die Mechanische Werkstätte Harkort & Co., eine der ersten Maschinenbaufirmen im Ruhrgebiet. Die Fabrik produzierte neben Dampfmaschinen auch Gasbeleuchtungsapparate. Von der ursprünglichen Anlage, die teils frei zugänglich ist, blieben der Bergfried, Teile der Gebäude und Umfassungsmauern erhalten. Die Anlage ist Standort der Route Industriekultur. Im benachbarten Fachwerkviertel Freiheit, einem wunderschönen historischen Ensemble, befindet sich das Wohnhaus von Friedrich Harkort mit dem Stadtarchiv.*

*Nordwestlich von Wettern steht im Wald das **Gut Schede** – eine landschaftlich sehr reizvoll gelegene vollständige Gutshofanlage, in der ab 1748 die Industriellen-Familie Harkort lebte und auch heute noch von deren Nachkommen bewohnt wird. Einmal im Jahr finden für drei Tage Kunstausstellungen talentierter Künstler und damit verbundene Konzerte statt. Beeindruckend sind auch die Jugendstilräume, die allerdings nur sehr selten für die Allgemeinheit zugänglich sind.*

km 85

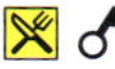

Friedrichs am See
(02335) 848 41 81
tgl. ab 10

Wir richten die Bootsspitzen in südliche Richtung und paddeln auf das Seeende zu. Hier flattern am Westufer die blauen und weißen Fahnen des Ruhrverbands im Wind und die Sonnenschirme auf der Terrasse des ***Restaurants Friedrichs am See*** locken zur Einkehr zu frischen Speisen aus der ausgefallenen, gutbürgerlichen Küche und Getränken aller Art *(Sa + So Frühstücks-Buffet).*

Freibad Wetter
(02335) 97 07 82 01

Von nebenan klingt das Stimmengewirr aus dem ***Natur Freibad Wetter*** über den See, das von der Badeanstalt der 1960er Jahre in ein familienfreundliches, naturnahes Freibad umgewandelt wurde. Die DLRG-Station dient als Orientierungspunkt und unter der Bahn- und Straßenbrücke hindurch geht es rechts in den ***Obergraben***.

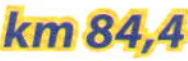

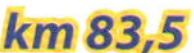

umtragen li
s. Detailkarte 17
Seite 58

Il Molise
(02335) 49 85
Di-Fr & So 12-14 und Di-So 17.30-23

Auf Höhe der Uferterrasse des ***Ristorante Il Molise,*** das am rechten Ufer liegt, muss der Steg vor dem ***Kraftwerk Harkort*** am linken Ufer angesteuert werden. *Sein Turbinenhaus wurde Anfang des 20. Jh. vom bekannten Architekten Bruno Taut entworfen.*

Die ***Portage*** führt zunächst am Zaun vor dem Gelände nach links und dann auf dem Weg am Fischaufstieg entlang ins Unterwasser. Zurück im Boot, sind die Ufer sofort wieder grün und die Ruhr fließt ruhig und breit dahin.

Hoch oben thront die ***Burgruine Volmarstein*** über dem Ruhrtal. *Die Höhenburg wurde 1100 von Friedrich I., Erzbischof von Köln, an einem strategisch günstigen Standort errichtet, um einen wichtigen Handelsweg zu sichern.*

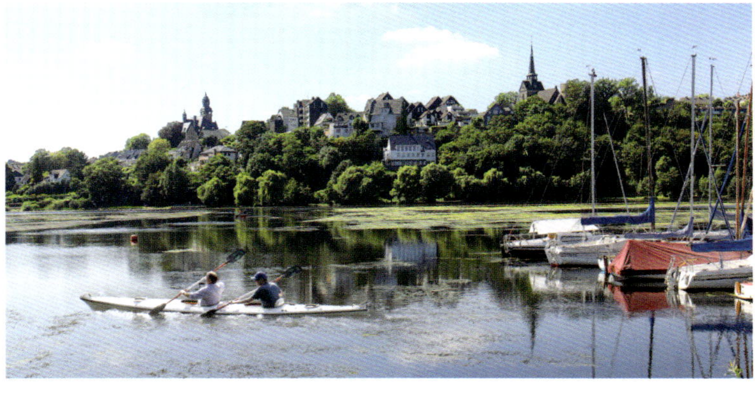

Wetter liegt malerisch auf einem Höhenzug über der Ruhr

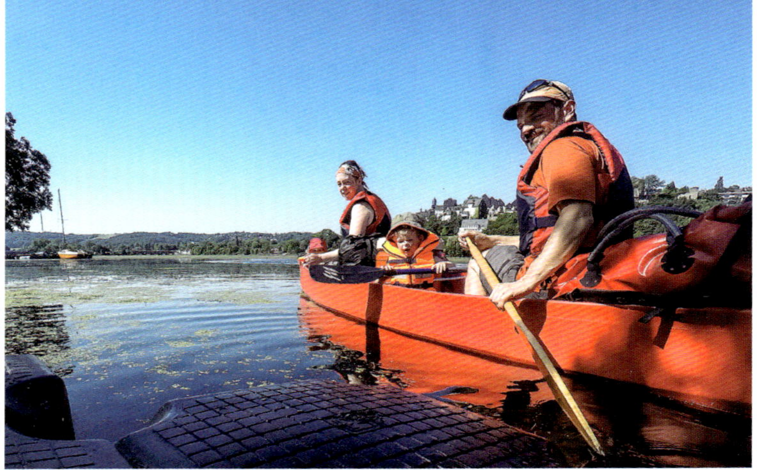

Endlich fertig gepackt – Start vom Campingplatz des KC Wetter

km 82
400 m

Der Parkplatz der Firma Demag oberhalb der Straßenbrücke zwischen **Wetter** und **Oberwengern** ist ein beliebter *Startpunkt* für Kanutouren auf der Ruhr.

km 80,7
Bei NW vorsichtig fahren oder umtragen
s. Detailkarte 18 Seite 58

Hinter der zweiten Brücke folgt ein *Schwall*. Bei Niedrigwasser *vorsichtig fahren*, wegen Hindernissen dicht unter der Wasseroberfläche oder am *linken Ufer umtragen*.

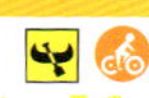

Natur aktiv
(02335) 80 17 80
0173-522 95 31

Von rechts dringt gedämpft das Rattern der Eisenbahn und Verkehrslärm an unsere Ohren, doch schon bald stehen friedlich grasende Kühe entlang der Ufer.

Linkerhand hinter den Bahnschienen in **Wengern Ost** hat *Natur Aktiv* seine *Kanu- und Fahrradvermietung*.

km 78

Bei **Wengern** mit seinem idyllischen Dorfkern beschreibt die Ruhr eine leichte Rechtskurve und voraus wartet die breite Staustrecke vor dem Wehr in Witten.

NSG

Jetzt beginnt das 85 Hektar große *Naturschutzgebiet Ruhraue Witten-Gedern,* das mit seinen Weiden, Wiesen und Röhrichtbeständen ein bedeutender Rast- und Brutplatz insbesondere für Wiesen- und Wasser-Vogelarten ist, von denen viele gefährdet sind. Es führen keine öffentlichen Wege durch das Gebiet und es besteht ein ***Betretungsverbot***. Nur Wasserwanderer dürfen das Schutzgebiet durchfahren, sofern sie sich von den Ufern fernhalten und Rücksicht auf die Tierwelt nehmen.

Auf Höhe des Ortes **Wengern** mündet der ***Elbschebach*** in die Ruhr. Er ist Teil des ***Naturschutzgebietes Elbschebach Witten Bommerholz***, das sich über mehrere Kilometer erstreckt. Schutzziel ist die Erhaltung der strukturreichen Bachaue mit Sumpfwäldchen und Nassbrachen sowie die Wiederherstellung des naturnahen Bachlaufs.

NSG

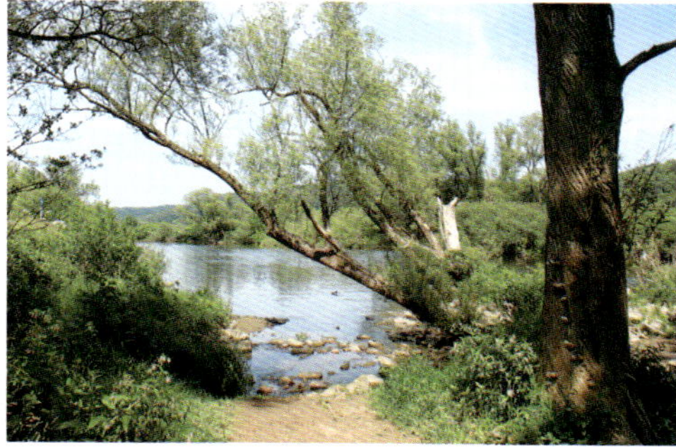

Voraus erhebt sich das 21 Meter hohe ***Berger-Denkmal,*** ein Aussichtsturm auf den Ausläufern des ***Ardeygebirges*** südöstlich der **Witten**er Innenstadt und bald darauf wird die Ruhr von einer langgestreckten Insel (privat) geteilt.

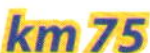

Links vor ihr liegt an einem Seitenarm der DLRG-Wachturm sowie der *Campingplatz Steger* mit seinem Biergarten – es hat sich weit herumgesprochen, dass der Hackbraten mit Kartoffelsalat von Edeltraut Steger im Ruhrtal seinesgleichen sucht.

km 75

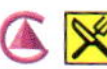

Camping Steger
(02302) 309 90

Rechts der Insel herrscht hinter ein paar Kleingärten am Ufer beim Bootshaus des *Kanu-Klub Neptun* ein liebenswert-buntes Durcheinander aus Kajaks, Zelten und Wohnwagen.

Kanu-Klub Neptun
(02302) 657 70

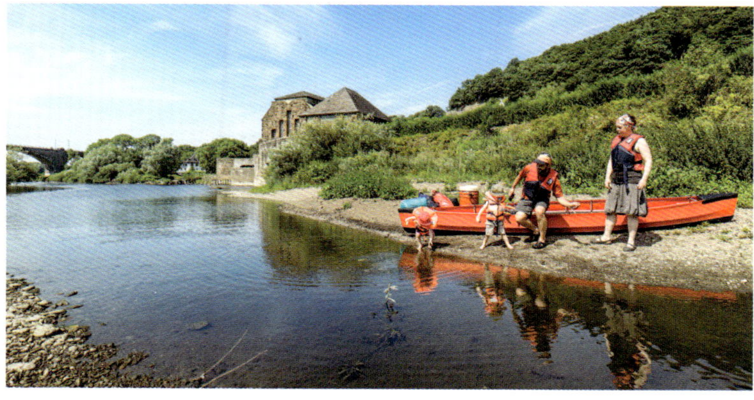

Pausenspaß für Groß und Klein: Steine hüpfen lassen

km 74,1 Etwa 200 Meter hinter der Insel liegt zu Füßen des bereits erwähnten ***Berger-Denkmals*** das *Wittener Wehr.* Zum *Umtragen* wird rechts der Wehrkrone angelegt und die Boote müssen kurz über den Pfad auf der Insel umtragen werden. *Das Wasserkraftwerk Hohenstein wurde 1922 bis 1925 in expressionistischer Form auf der Insel errichtet und ist zwar Standort der Route Industriekultur, kann aber nicht regulär besichtigt werden.*

umtragen re
s. Detailkarte 19 Seite 58

Direkt hinter dem Wehr überspannt das beeindruckende ***Ruhr-Viadukt*** (1913-16) mit 20 Bögen und einer Länge von 716 Metern den Flusslauf.

km 73,5

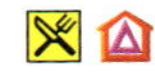

Kanu-Ski-Club Witten
(02302) 336 66

Museumsbahn RuhrtalBahn

Am linken Ufer reihen sich insgesamt *vier Kanuvereine*, teils mit Gaststätte. Die Möglichkeit zum Zeltaufbau oder Übernachtung im Bettenlager besteht u.a. beim *Kanu-Ski-Club Witten.* Er bietet die Möglichkeit in 30-50 Minuten Fußmarsch die wichtigsten Sehenswürdigkeiten der Gegend zu erlaufen.

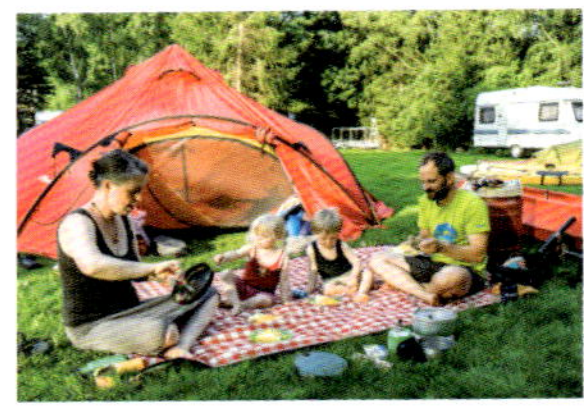

Märkisches Museum
(02302) 581 25 50
zu Ausstellungen geöffnet: Mi-So 12-18

Wie beispielsweise ins **Witten**er Zentrum mit dem *Märkischen Museum* oder zu dem im Kreativquartier ***Wiesenviertel*** gelegenen ***Humboldtplatz***, wo vier mal im Jahr der ***Tummelmarkt*** (www.tummelmarkt.de) stattfindet, *eine Mischung aus Streetfood, Wochenmarkt, Straßenmusik, Handgemachtem und open-air-Wohnzimmer.*

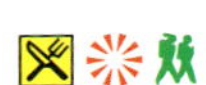

Oder auf den hoch über dem Ruhrtal auf einer steilen Felsnase gelegenen ***Hohenstein*** *(Einkehr).* Das klassische *Ausflugsziel* lockt mit *Wanderwegen, Wildgehegen, Spielwiesen, Streichelzoo und Lehrbienenstand*. Die Krönung ist der Blick vom ***Berger-Denkmal*** hinunter ins Ruhrtal.

*Schätze der Vergangenheit liegen westlich des Kanuvereins auf der **„Route der Industriekultur“.** Witten gilt als die Wiege des Steinkohlebergbaus. Im idyllischen **Muttental** lassen sich Naturerlebnis und 450 Jahre Industriegeschichte miteinander verbinden. Hier sind Arbeit und Leben der „Kumpel“ vor der Zeit der Großzechen und Riesenschornsteine liebevoll dokumentiert. Anziehungspunkte sind das Gruben- und Feldbahn-Museum, die Zeche Nachtigall mit ihrem Besucherstollen und ein bergbaugeschichtlicher Rundweg mit vielen Originalrelikten und detailgetreuen Nachbauten.*

Bahnfahren wie zu Opas Zeiten

*Unmittelbar neben dem Kanuverein liegt der Haltepunkt Witten-Bommern der **Ruhrtal-Bahn**. Sie verkehrt auf der 1874 erbauten Trasse zwischen dem Eisenbahnmuseum Bochum-Dahlhausen und Wengern-Ost. Von Apr-Okt fahren Sa & So verschiedene historische Züge wie ein Schienenbus aus den 1960er Jahren, am jeweils ersten Sonntag kommt ein historischer Dampfzug zum Einsatz. Die Fahrkarten sind, wie in der „guten alten Zeit", direkt beim Schaffner erhältlich. Weitere Informationen, den genauen Fahrplan und Fahrpreise gibt es beim **Eisenbahnmuseum Bochum**, Tel. (0234) 49 25 16, www.eisenbahnmuseum-bochum.de*

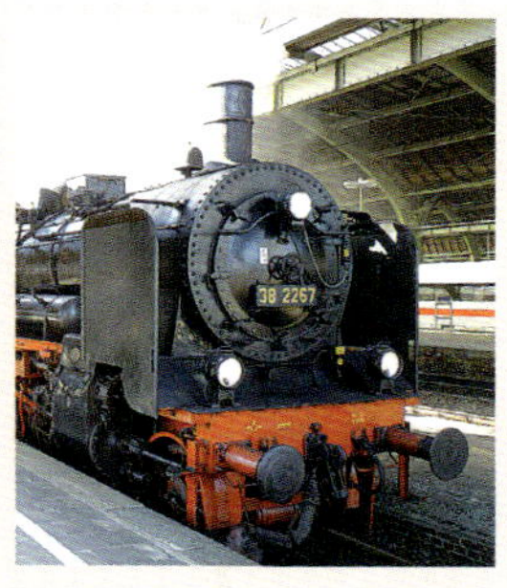

Aber auch wer nicht in **Witten** Station macht, kann die Sehenswürdigkeiten der Region erkunden. Knapp 1.800 Meter hinter der Straßenbrücke der *Ruhrstraße* kann man am *Schwimmsteg* links vor der Fußgängerbrücke aussetzen, um in der *Zeche Nachtigall* eine Zeitreise in die Anfänge des Ruhrbergbaus zu unternehmen.

km 71,5

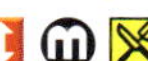

Zeche Nachtigall
(02302) 93 66 40
Di-So 10-18

*Um die **Zeche Nachtigall** lag die Steinkohle so dicht unter der Erde, dass sie leicht abgebaut werden konnte und so den Grundstein für die Industrialisierung legte. Mit dem steigenden Steinkohle-Bedarf reichten die Fördermengen der Zechen aber nicht mehr aus und als 1830 die Kohlevorkommen oberhalb des Grundwasserspiegels zur Neige gingen, musste man auch in Witten die ersten Schächte in die Tiefe graben. Obwohl die Zeche Nachtigall Mitte des 19. Jh. die förderstärkste Westfalens war, konnte sie nicht mehr mit den moderneren Förderanlagen mithalten und musste 1892 den Betrieb einstellen. Mit der Zeit wanderten die Fördergebiete immer weiter nordwärts, von der Ruhr an die Emscher und weiter zur Lippe, wobei die Schächte immer tiefer abgeteuft werden mussten.*

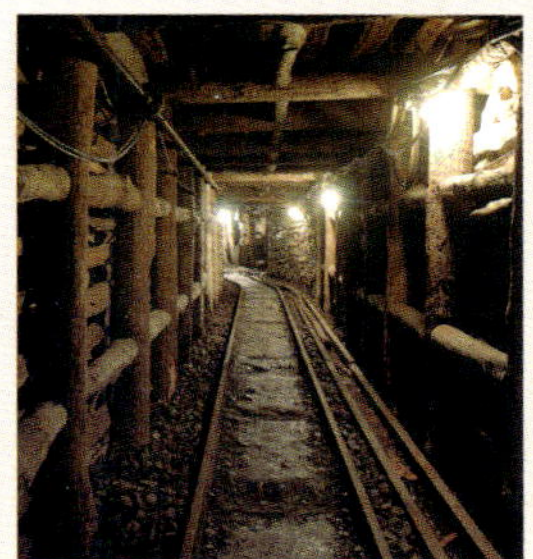

Heute ist die Zeche Nachtigall ein Industriemuseum und bei einem geführten Rundgang geht es mit Helm und Grubenlampe in einem echten Steinkohleflöz des Besucherbergwerks, hinab in den Nachtigallstollen unter dem Hettberg.

Lese-Tipp:
Als Kohle noch Zukunft war: Umfassendes Hintergrundwissen zur Bergbaugeschichte und Geologie des Muttentals und der Zeche Nachtigall, **Klartext Verlag.**

*Wer mehr Zeit einplanen möchte: Der **9 Kilometer** lange historische **Bergbauwanderweg Muttental** zählt zu den schönsten Wanderstrecken im Ruhrgebiet und führt entlang aufwändig gestalteter Tafeln zu Zeugnissen aus vielen Jahrhunderten des Ruhrbergbaus. Dazu zählen Stollen, Pingen, Fördergerüste, Halden, Verladeanlagen und mehr – quasi ein Open-Air-Museum.*

*Dem Unternehmer und Eisenbahnpionier Friedrich Harkort ist die gut 6 Kilometer lange **Muttenthalbahn** zu verdanken, die im 19. Jh. von der Kohlenniederlage Nachtigall bergaufwärts durchs Muttental bis nach Bommerholz zur Elberfelder Straße fuhr. Sie gilt als eine der ältesten Pferdebahnen auf dem europäischen Kontinent. Heute erinnern nachgebaute Loren und die noch erhaltene ehemalige Trasse an sie.*

*Am **Bergbauwanderweg** liegen auch das **Schloss Steinhausen** (Eventrestaurant) und, unweit der ruhrtalFähre Hardenstein, die **Burgruine Hardenstein** mit einem sehenswerten gotischen Turmhaus aus dem 14. Jh. mit Resten von Kaminanlagen und einem gotischen Palais mit zwei Rundtürmen.*

Kaffee-Gärtchen Auf Nachtigall
0173-546 04 76
Di-So 10-18

Nach dem Ausflug in die Unterwelt und ins ***Muttental***, kann man sich im *Kaffee-Gärtchen „Auf Nachtigall“* mit hausgemachtem Kuchen stärken. An Sommersonntagen verkehrt auch eine Schmalspurbahn in das nahegelegene Gruben- und Feldbahnmuseum Zeche Theresia mit rund 90 kleinen Lokomotiven und etwa 200 Waggons.

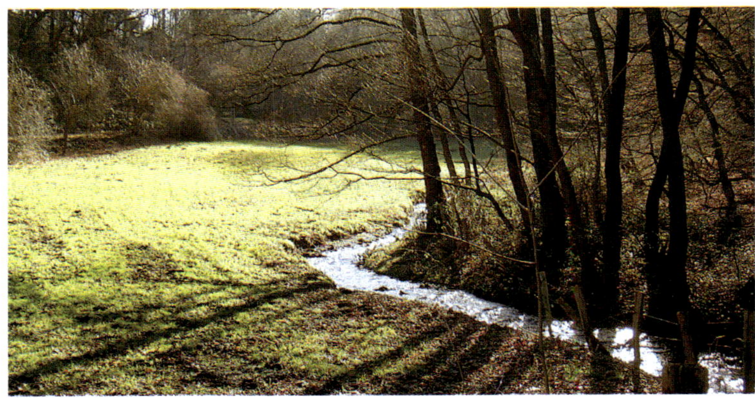

Der idyllische Muttenbach und der Bergbauwanderweg erschließen das Muttental touristisch

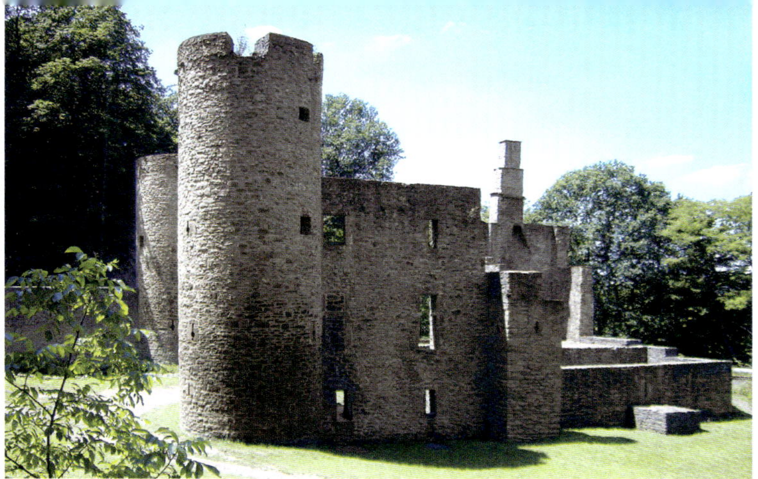

Die Ruine der einst stolzen Burg Hardenstein liegt am Rande des Bergbaurundwegs Muttental

In der folgenden Ruhrbiegung, wo am linken Ufer das Trinkwasser für Witten gewonnen wird, kommt Paddlern häufig das ***Ausflugsschiff MS Schwalbe*** entgegen, das zwischen Kemnader See und Witten-Bommern pendelt.

Kurz darauf kreuzt die ***ruhrtalFähre Hardenstein*** den Weg. Sie setzt Radwanderer auf dem ***RuhrtalRadweg*** von der malerischen ***Burgruine Hardenstein*** (14. Jh.) am linken Ufer zur anderen Ruhrseite über.

km 69,5

ruhrtalFähre
Mär-Mai, Sep, Okt 9-19
Jun-Aug 9-21

Hinter der Fähre liegt gleich die *Schleuse* von **Herbede.** Wir halten uns rechts und fahren in den Schleusenkanal. Sportboote werden nicht geschleust, aber die benachbarte *Bootsgasse* bringt uns schnell hinab (*Achtung Querströmung im Unterwasser*). Auf dem Plattenweg daneben ist auch eine *Portage möglich.*

km 69,2

Schleuse
Bootsgasse, umtragen möglich
s. Detailkarte **20**
Seite 73

Wer Hunger verspürt, kann hinter der Schleuse am Ufer festmachen, um im Biergarten des ***Königlichen Schleusenwärterhauses*** von 1835 einzukehren. Das historische Fachwerkhaus ist übrigens auch Austragungsort beliebter Konzerte und Veranstaltungen wie „Rock an der Ruhr“ oder „Folk am Fluss“ (www.wabembh.de).

Königliches Schleusenwärterhaus
01573-263 02 82
Mo-So 11-19

Bei der Weiterfahrt ist direkt beim Wiedereinstieg bei hohem Wasserstand Vorsicht geboten, denn dann drückt von links eine starke ***Querströmung*** durch das Wehr.

Achtung: Querströmung vom Wehr

km 68,4

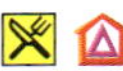

Kanu-Club Witten
(02302) 231 69

Picasso im Ruhrblick
(02302) 179 78 72

Zollhaus Herbede
(02302) 39 53 80

Vor der nächsten Fußgängerbrücke liegt am rechten Ufer der Steg des gastfreundlichen *Kanu-Club Witten.* Wenn das Zelt auf der großen Wiese hinter dem Bootshaus aufgebaut ist, kann der Campingkocher ohne Probleme kalt bleiben, denn nur wenige Schritte entfernt lockt das *Restaurant Picasso* (*Mo Ruhetag*) mit großer Terrasse und spanischer Küche. Der Weg über die *Lakebrücke* ans gegenüberliegende Ufer führt direkt zum ehemaligen *Zollhaus Herbede* (*12-18 Uhr*) mit großem Biergarten am Ruhrufer.

km 67

rechts fahren
links Schutzgebiet

Nach Passieren der Autobahnbrücke, beginnt der ***Kemnader Stausee***. An der kleinen Insel zu Beginn des Sees halten wir uns rechts, da die ***Befahrung des Schutzgebietes am linken Ufer im ausgetonnten Bereich bis zu den gelben Bojen untersagt ist.***

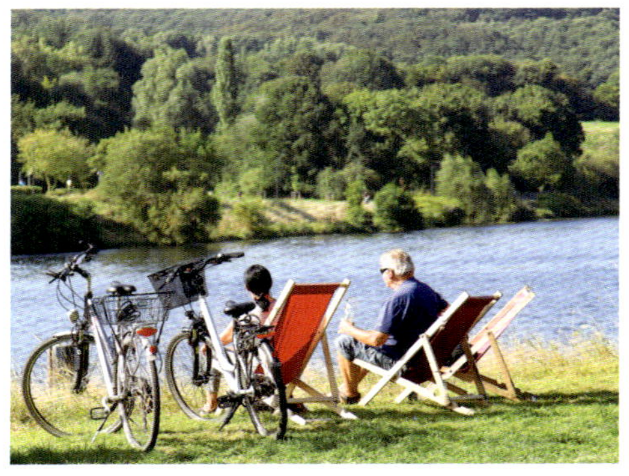

Der ***Kemnader See*** ist, wie auch der Baldeneysee, im weiteren Verlauf ein beliebtes Wassersport-Eldorado und neben Gänsen und Schwänen pflügen zahlreiche Rennpaddler durchs Wasser, während Inline-Skater auf einer 10,4 Kilometer langen und bis 23 Uhr beleuchteten Skaterbahn um den See flitzen.

km 65,5

WestUfer
0151-22 87 83 90

Haus Oveney
(0234) 79 98 88

Das Nordufer des Sees gehört bereits zum Stadtgebiet von **Bochum**. Eine sehr gute Anlegemöglichkeit bietet zu Beginn des südlichen Seedrittels am rechten Ufer im Stadtteil **Stiepel** der lange Steg des Rudervereins Blaues Band Bochum. Hier, in den schönen ***Bootshallen Gibraltar,*** hat auch die *Surfschule WestUfer* eine *SUP-Station.* Etwa 300 Meter stegabwärts lädt das Restaurant *Haus Oveney* mit einem schönen Biergarten zur Pause ein.

km 64,2

Bootsgasse
s. Detailkarte 21
Seite 73

Die *Bootsgasse* am *Stauwehr* am Ende des ***Kemnader Sees*** liegt am linken Ufer. Kurz davor gibt's an dem außergewöhnlich stilvollen *Al's Dorado See-Kiosk*, direkt am Ufer, Gegrilltes, Eis und feinste Kaffeespezialitäten, zubereitet von einem Barista auf dem Coffee-Bike.

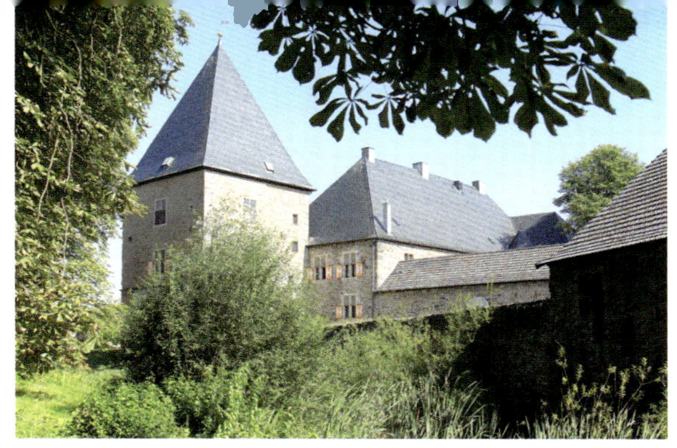

Das Wasserschloss Kemnade war bis 1928 nur über eine Fährverbindung erreichbar

Bald nach der nächsten Straßenbrücke flankieren am rechten Ufer oberhalb des Holzstegs der **Kanu-Club Wiking Bochum** (*DKV-Station, zelten möglich*) und der **Wassersportverein Bochum** (*zelten möglich*) sowie gleich dahinter der Imbiss ***Andrés Alte Fähre*** *(nur bei schönem Wetter geöffnet, Fr 15-20, Sa+So 12-20)* die Ruhr. Von dessen schöner Sonnenterrasse bietet sich ein herrlicher Blick auf die alles überthronende ***Burg Blankenstein***.

km 63

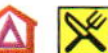 

Kanu-Club Wiking Bochum
0176-73 20 33 54

WS Bochum (WSB)

Andrés Alte Fähre
(0234) 70 89 85 57

Wer hier Station macht, kann in rund 20 Minuten zu der jenseits der Ruhr gelegenen ***Wasserburg Haus Kemnade*** laufen. *Die von Wasser umgebene reizvolle Renaissance- und Barockanlage beherbergt heute verschiedene heimatkundliche Museen und Sammlungen.*

Haus Kemnade
(02324) 302 68

Nur 500 Meter nördlich der Kanustation in **Stiepel** gilt die uralte ***Stiepeler Dorfkirche*** *wegen ihrer romanischen Malereien als Kleinod Westfalens. Auch der historische Kirchhof mit seinen uralten Grabsteinen ist sehenswert.*

An der folgenden ***Gabelung*** geht es nach rechts und für etwa 600 Meter auf dem ***Schleusenkanal*** weiter, vorbei am Wasserkraftwerk bis zur *Schleuse* **Blankenstein.** Direkt davor wurde am rechten Ufer ein neuer Steg errichtet und mit einer kurzen *Portage* über den Leinpfad ist die Einstiegsstelle unterhalb der Schleuse erreicht.

km 62,7

km 61,8

Schleuse (außer Betrieb)
umtragen möglich
s. Detailkarte 22
Seite 73

Erbaut wurde die Schleuse Blankenstein, die auch Hoffstiepel genannt wird, in der Zeit von 1776-1780 und stammt aus der Zeit der Schiffbarmachung der Ruhr durch König Friedrich II.. Sie steht zusammen mit dem Schleusenwärterhaus und dem angrenzenden Leinpfad unter Denkmalschutz und gehört zur Route der Industriekultur.

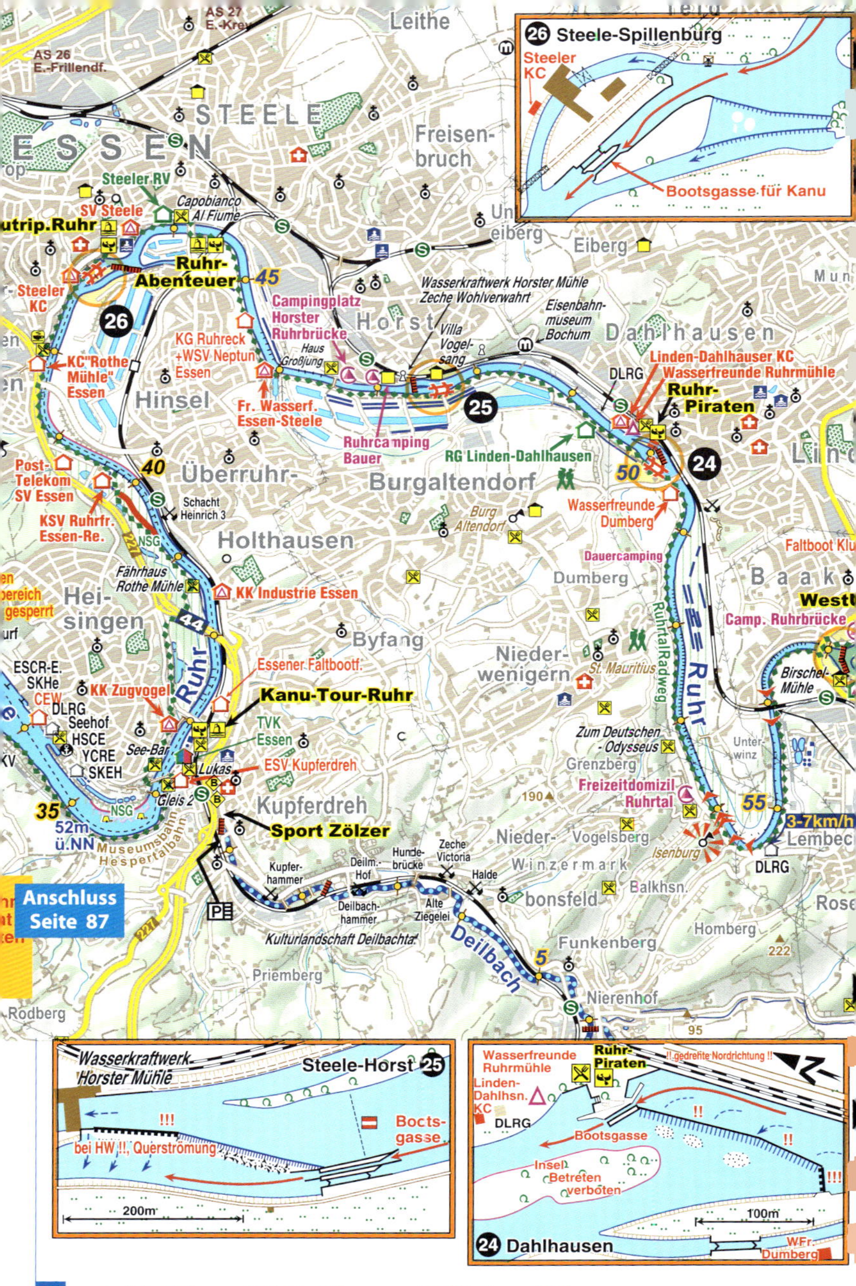

Steele-Spillenburg
Steeler KC
Bootsgasse für Kanu
STEELE
ESSEN
Steeler RV
SV Steele
Ruhr-Abenteuer
Campingplatz Horster Ruhrbrücke
KG Ruhreck +WSV Neptun Essen
Fr. Wasserf. Essen-Steele
Ruhrcamping Bauer
Wasserkraftwerk Horster Mühle
Zeche Wohlverwahrt
Eisenbahn-museum Bochum
Dahlhausen
Linden-Dahlhauser KC
Wasserfreunde Ruhrmühle
Ruhr-Piraten
RG Linden-Dahlhausen
Wasserfreunde Dumberg
Dauercamping
KC "Rothe Mühle" Essen
Hinsel
Überruhr-
Holthausen
Burgaltendorf
Post-Telekom SV Essen
KSV Ruhrfr. Essen-Re.
KK Industrie Essen
Heisingen
Byfang
Nieder-wenigern
Essener Faltbootf.
Kanu-Tour-Ruhr
KK Zugvogel
TVK Essen
ESV Kupferdreh
Kupferdreh
Sport Zölzer
Freizeitdomizil Ruhrtal
Camp. Ruhrbrücke
Faltboot Klu
Anschluss Seite 87
Kulturlandschaft Deilbachtal
Deilbach
3-7km/h
Wasserkraftwerk Horster Mühle
Steele-Horst
Boots-gasse
bei HW !!, Querströmung
200m
Wasserfreunde Ruhrmühle
Ruhr-Piraten
Linden-Dahlhsn. KC
DLRG
Bootsgasse
Insel Betreten verboten
!! gedrehte Nordrichtung !!
100m
Dahlhausen
WFr. Dumberg

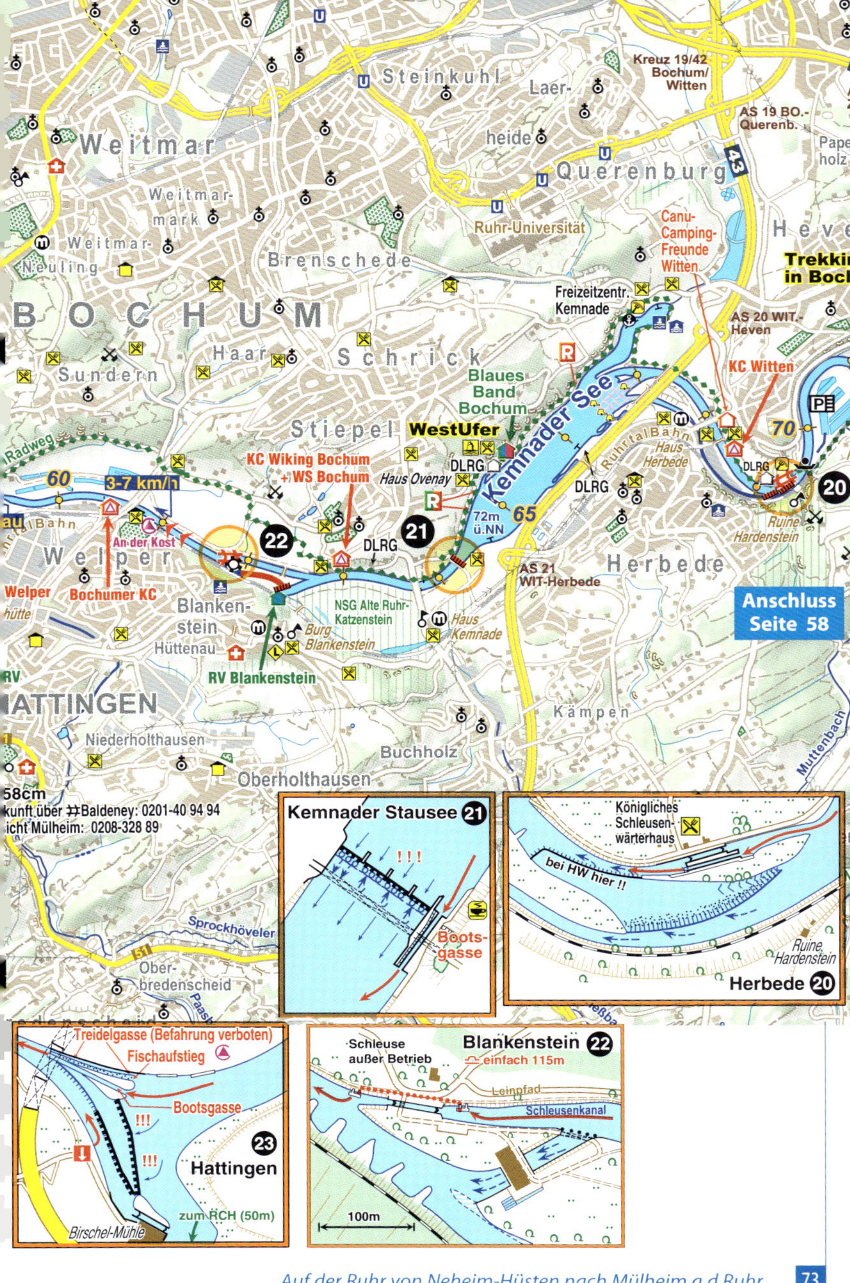

Steinkuhl
Laer-
heide
Weitmar
Querenburg
Kreuz 19/42 Bochum/ Witten
AS 19 BO.-Querenb.
Paper holz
Weitmar-mark
Ruhr-Universität
Weitmar-Neuling
Brenschede
Canu-Camping-Freunde Witten
Heve
Trekkin in Boch
Freizeitzentr. Kemnade
BOCHUM
AS 20 WIT.-Heven
Haar
Schrick
Sundern
KC Witten
Blaues Band Bochum
Kemnader See
Stiepel
WestUfer
Radweg
KC Wiking Bochum + WS Bochum
Haus Ovenay
DLRG
Haus Herbede
60
3-7 km/h
65
70
72m ü.NN
An der Kost
Welper
Bochumer KC
NSG Alte Ruhr-Katzenstein
AS 21 WIT-Herbede
Herbede
Ruine Hardenstein
Blankenstein
Hüttenau
Burg Blankenstein
Haus Kemnade
Anschluss Seite 58
RV Blankenstein
HATTINGEN
Kämpen
Niederholthausen
Buchholz
Oberholthausen
Muttenbach
58cm
kunft über Baldeney: 0201-40 94 94
icht Mülheim: 0208-328 89
Sprockhöveler
Ober-bredenscheid
Kemnader Stausee 21
!!!
Boots-gasse
Königliches Schleusen-wärterhaus
bei HW hier !!
Ruine Hardenstein
Herbede 20
Treidelgasse (Befahrung verboten)
Fischaufstieg
Bootsgasse
!!!
23
Hattingen
Birschel-Mühle
zum RCH (50m)
Schleuse außer Betrieb
Blankenstein 22
einfach 115m
Leinpfad
Schleusenkanal
100m

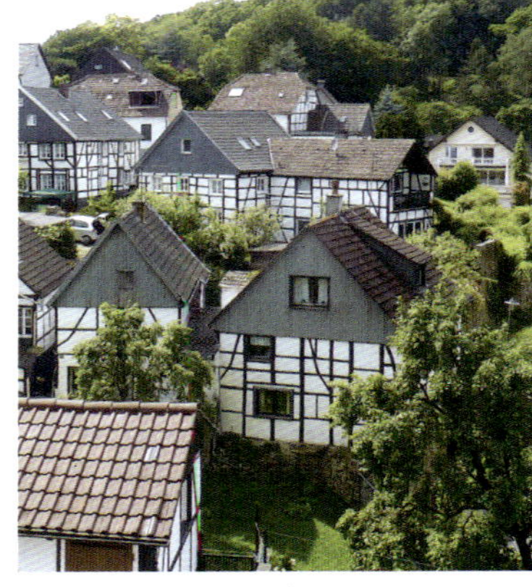

Freiheit Blankenstein

km 60,6

Campingplatz An der Kost
(02324) 609 15

Gasthaus & Hotel An der Kost
(02324) 39 11 80

Vor der nächsten Straßenbrücke (*Kosterstraße*) liegen am linken Ufer erst der ***Campingplatz „An der Kost"***, dann das ***Gasthaus und Hotel „An der Kost"*** und direkt hinter der Brücke folgt, ebenfalls am linken Ufer, das Vereinsgelände des ***Bochumer Kanu Clubs*** mit großer Zeltwiese.

Bochumer Kanu Club
(02324) 612 47

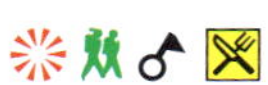

Burgrestaurant Blankenstein
Di-Fr ab 18, Sa ab 14, So ab 11 (warme Küche ab 18)

Eiscafé Filippin
Di-So 10-20

Eine gute halbe Stunde läuft man nach Südosten hinauf zur Ruine der hochmittelalterlichen ***Höhenburg Blankenstein*** *(Einkehr), eine der vier Hauptburgen der Grafen von der Mark, die von dort Teile ihres Herrschaftsgebiets verwalten ließen.* Der mächtige Bergfried bietet einen herrlichen Ausblick ins Ruhrtal und das Ensemble von historischen Häusern und Kirchen lohnt einen Besuch allemal. Das ***Eiscafé Filippin*** hinter der katholischen Kirche ist Kult!

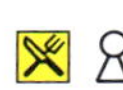

Waldhaus
(0234) 47 53 52
Mi-Sa ab 15, So ab 12

Überquert man die Ruhr und läuft in nördliche Richtung, kommt man nach 3 km zur ***Zeche Brockhauser Tiefbau*** *(gegenüber Einkehr im Waldhaus)*, einem ehemaligen Steinkohlebergwerk im **Bochum**er Stadtteil **Sundern**. *Der um 1874 entstandene Förderturm dieser Zeche, der an einen alten Burgturm erinnert, ist der älteste Deutschlands. Das massive Mauerwerk sollte die Schwingungen und ruckartigen Belastungen aufnehmen, die durch die Förderung entstanden. Der Turm, heute Ruine, ist zugänglich.*

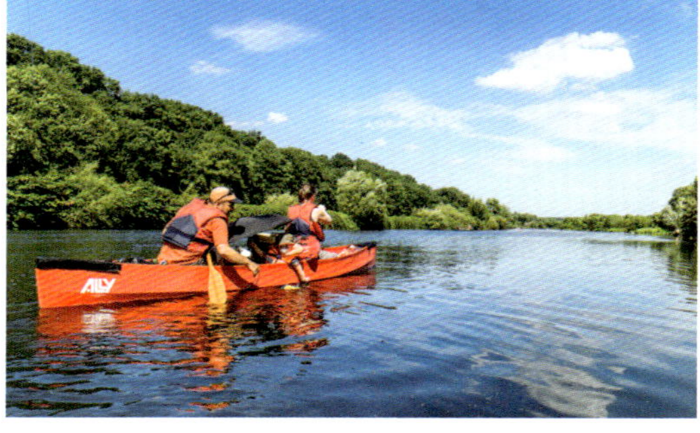

Obwohl die Strömung fast zum Erliegen kommt, sind die verbleibenden 3 Kilometer bis **Hattingen** schnell gepaddelt.

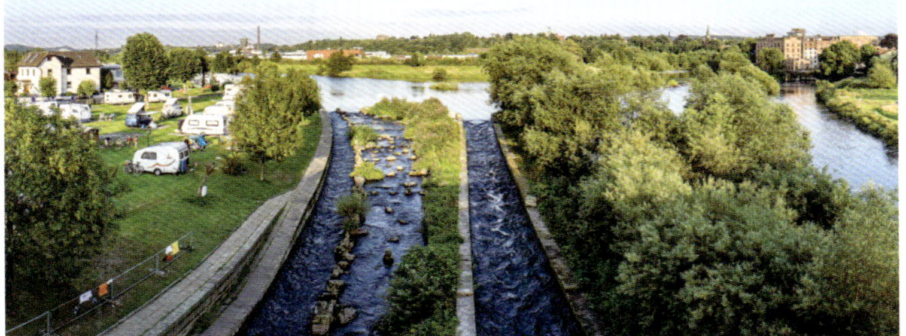

Das Wehr in Hattingen, mittig der Fischaufstieg, links Treidel- und rechts Bootsgasse

Vor dem Wehr in **Hattingen** wird die Ruhr breit wie ein See. Am rechten Ufer bietet sich der ***Campingplatz Ruhrbrücke*** an, um die Tagesetappe zu beenden. Auf dem Platz vermietet ***WestUfer*** SUP-Boards *(nur Sa+So nach vorheriger Anmeldung).* Auf der linken Seite ist schon von Weitem die ***Birschel-Mühle*** zu sehen. *Das ehemalige imposante Mühlengebäude im Tudor-Stil steht auf dem Gelände eines alten Rittergutes, das über die Ruhrquerung wachte. Zunächst als Furt, später als Brücke war sie Teil des wichtigen mittelalterlichen Hellwegs von Köln nach Münster.*

km 57,3

Campingplatz Ruhrbrücke
(02324) 800 38

WestUfer
01512-287 83 90

Am Ende der Bucht *(neben dem Hattinger Ruderverein)* gibt es einen öffentlichen Bootssteg, der gern als ***Einsetzstelle*** von den Bootsvermietern genutzt wird. Direkt nebenan bietet das beeindruckende Ensemble der ***Birschel-Mühle*** *(hauseigener Anleger)* ***Gästezimmer*** und das ***Restaurant „da Mario"*** mit einem Biergarten direkt an der Ruhr, serviert bereits 10 Monate nach dem verheerenden Hochwasser wieder italienische Küche und ausgesuchte Weine.

Sowohl vom Campingplatz als auch der Birschel-Mühle ist es nur ein kurzer Fußweg in den historischen Ortskern von **Hattingen** mit einer *Vielzahl bergischer Bürger- und Fachwerkhäuser aus dem 16. bis 18. Jahrhundert.*

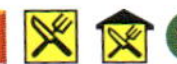

Hotel Birschel-Mühle
(02324) 910 08 71

Restaurant da Mario
(02324) 344 77 60
tgl. außer Di 12-16+17-20

Nicht versäumen sollte man den Besuch des ***Industriemuseums Henrichshütte.*** *In der ehemaligen Eisengießerei, die über 140 Jahre lang Stadt, Landschaft und Menschen prägte, wird deutlich, womit die Menschen im Ruhrtal ursprünglich ihr Geld verdienten. Man bekommt eine anschauliche Vorstellung davon, wie früher Erz und Kohle gefördert und Koks, Eisen und Stahl produziert, gegossen, gewalzt und geschmiedet wurde.*

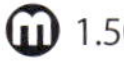 1.500 m

Henrichshütte Hattingen
(02324) 924 71 40
Di-So, Fei 10-18

Blick auf Hattingen

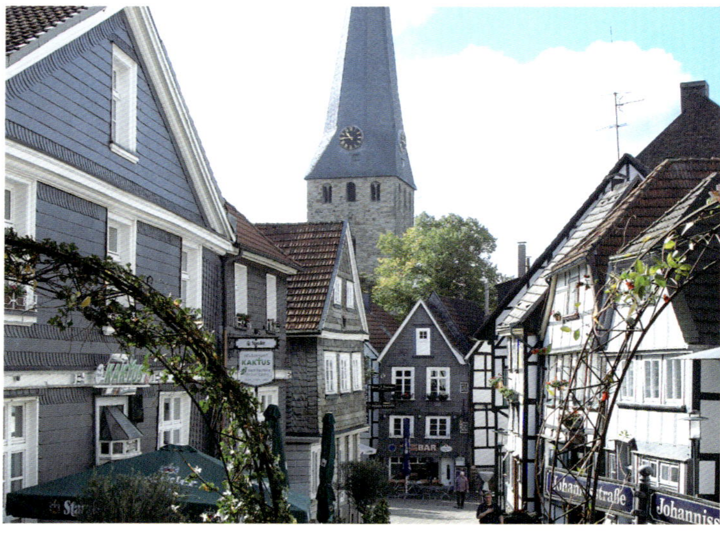

Der wirtschaftliche Aufschwung Hattingens, das schon 1396 die Stadtrechte erhielt, wurde erst durch den Dreißigjährigen Krieg gebremst. Mitte des 19. Jh. brachte dann die Henrichshütte neuen Wohlstand. Als 1987 die Hochöfen ausgeblasen wurden und das Stahlwerk 1993 endgültig seine Pforten schloss, gingen rund 140 Jahre Industriegeschichte zu Ende und der Schock war groß. Inzwischen hat Hattingen das Ende der Montanindustrie verdaut und bietet die komplette Vielfalt des Ruhrgebiets auf kleinem Raum. Umgeben von grüner Natur erinnern die Außenbezirke an die stählerne Epoche des Ruhrgebiets während die historische Altstadt mit viel Fachwerk und mittelalterlichem Charme lockt.

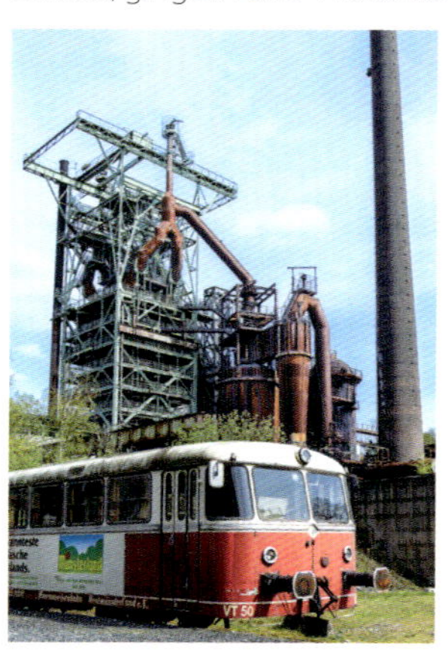

Alles Wissenswerte über die interessante und abwechslungsreiche Geschichte Hattingens erfährt man auf einer Stadtführung (*Sa 15, ohne Voranmeldung, Startpunkt: Altes Rathaus am Untermarkt*). Mit der S3 gelangt man vom denkmalgeschützten Bahnhof in die Essener Innenstadt.

① **_Birschel-Mühle._** Kastenförmiger Backsteinbau im Tudorstil (1902). Heute beherbergt die ehemalige Getreidemühle und der Kornspeicher Seniorenresidenz, Fremdenzimmer und Restaurant.

② **_LWL-Industriemuseum Henrichshütte Hattingen._** Der ehemalige Stahlstandort bietet Industriekultur zum Anfassen und zeigt anschaulich den „Weg des Eisens" bis hinauf zur Panoramaaussicht von der Spitze des Hochofens 3. *Werksstr. 31-33, Tel. (02324) 924 71 40, Di-So+Fei 10-18, Eintritt 5 € / 2,50 €,* www.lwl.org

③ **_Feuerwehrmuseum „Feuer.Wehrk"_** – Größtes Feuerwehrmuseum Deutschlands, untergebracht in einer historischen Industriehalle mit mehr als 50 Fahrzeugen. *Henrichs-Allee 2, Tel. (02324) 298 46 85, Mai-Okt Di 14-17, Sa 11-13, im Winter jeden 1. So 14-18, Eintritt 5 €, Familien 10 €,* www.feuerimrevier.de

④ **_Zollhaus._** Kleinstes Hattinger Fachwerkgebäude. Wurde erst 1820 errichtet, nachdem die Stadtbefestigung schon abgebrochen war. Erhielt seinen Namen aber, weil einst einreisende Kaufleute am nahen Weiltor die Zollgebühren entrichten mussten.

⑤ **_Altes Rathaus._** Die zwei Fachwerkgeschosse wurden 1576 auf einer Fleisch-Markthalle von 1420 errichtet. Der markante Bau wurde Ende des 18. Jh. im klassizistischen Stil modernisiert. Das Alte Rathaus, eines der schönsten Fachwerkhäuser in der Altstadt, birgt heute die städtische Galerie und eine Kleinkunstbühne.

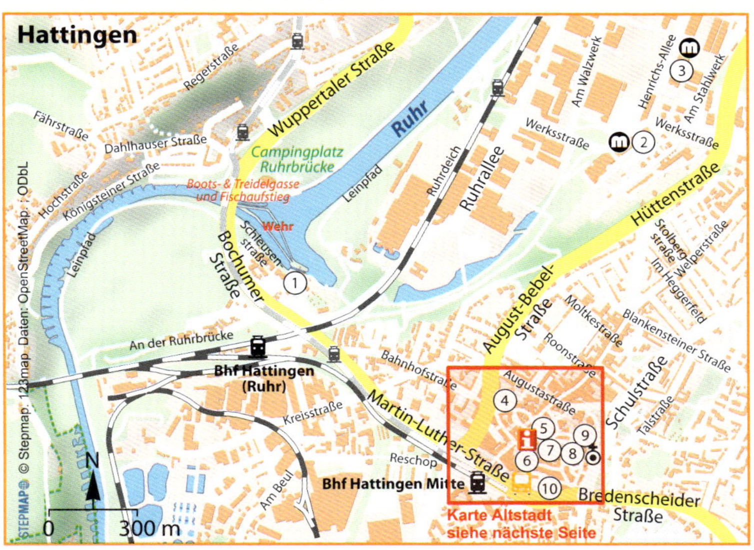

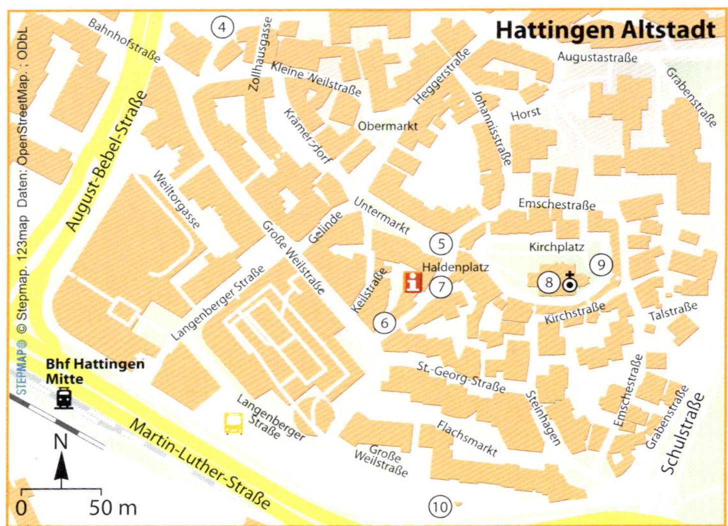

(6) ***Bügeleisenhaus.*** Der charakteristische Giebel macht das dreigeschossige Gebäude von 1611 zu einem der bekanntesten Fachwerkhäuser Hattingens. Bis 2021 war es Sitz des heimatkundlichen Museums, heute ist es für die Öffentlichkeit verschlossen.

(7) ***Haldenplatz.*** Schöner Platz mit mehreren Fachwerk- / Kaufmannshäusern aus dem frühen 17. und 18. Jh.

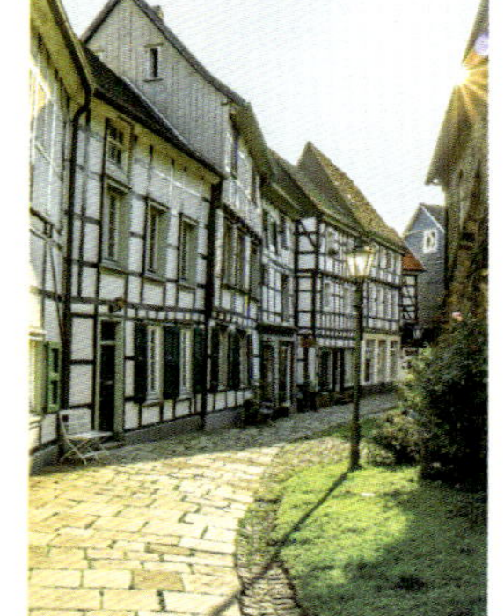

(8) ***St.-Georg-Kirche.*** Keimzelle der Siedlung Hattingen, dreischiffige got. Hallenkirche aus dem 15. Jh., vom romanischen Kirchenbau aus dem 13. Jh. ist nur noch der Turm erhalten. Der Kirchplatz ist in seiner Geschlossenheit einmalig in Westfalen.

(9) ***Kirchplatz.*** Geschlossener Ring von 140 denkmalgeschützten Fachwerk- und Schieferhäusern in den umliegenden Gassen.

(10) ***Bruchtorturm.*** Einer von ehemals sieben Stadttürmen.

Tourist-Info, Hattingen Marketing, Haldenplatz 3, 45525 Hattingen, Tel. (02324) 95 13 95, www.hattingenmarketing.de

Vom trotz der Stadtnähe erstaunlich ruhigen Campingplatz starten wir und genießen das spritzige Erlebnis in der *Bootsgasse* des modernen *Hattinger Wehrs*. Es gibt drei Bahnen: in der Mitte den Fischaufstieg, links davon eine Bootsgasse und rechts die Treidelgasse *(Foto rechts)*.

km 57,1

Boots- & Treidelgasse s. Detailkarte 23 Seite 73

Die Einfahrt in die Bootsgasse ist gut sichtbar ausgeschildert. Anders als in anderen Bootsgassen gibt es keine eingebauten Leitbleche, sodass man das Kanu selbst auf Kurs halten muss, dafür ist der Kanal aber auch breiter. Spritzdecke schließen nicht vergessen, je nach Wasserstand bilden sich recht hohe Wellen und im Auslauf der Bootsgasse ausgeprägte Kehrwässer!

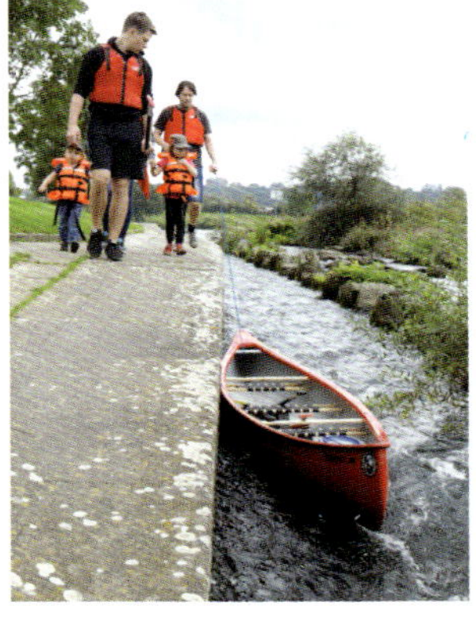

In den Hochwasserschutzbuhnen am rechten Ufer sonnen sich Schwäne, Enten, Graureiher, Gänse und Haubentaucher und die blühenden Schwertlilien sorgen für gelbe Farbtupfer.

Nachdem die Brücke der S-Bahn-Trasse hinter uns liegt, setzt die Ruhr zu einer *engen Kurve* an und wendet sich hinter dem Scheitelpunkt nach Norden. Die Strömung ist nun recht flott, es gibt sogar ein paar kleinere *Schwälle*.

km 54,5

*Hoch über dem linken Ufer thront die **Burgruine Isenburg** aus dem Jahre 1200 mit weitem Blick über das Ruhrtal, einst Residenz der Grafen von Isenberg. Sowohl strategisch als auch verkehrsgeografisch ideal – lag doch die Burg zwischen der Hauptstadt des Erzbistums Köln und der Hauptstadt des Herzogtums Westfalen Soest am damaligen Hilinciweg und dessen Übergang über die Ruhr an einer Furt, die somit leicht zu kontrollieren war.*

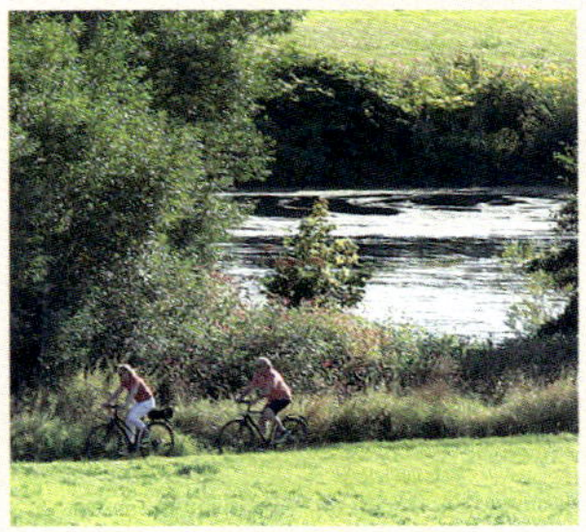

*Am linken Ufer rollen die Radler über den **Leinpfad,** auf dem einst kräftige Kaltblüter die Ruhrkähne stromauf ziehen mussten. Nach dem Ausbau der mittleren Ruhr in der zweiten Hälfte des 18. Jh. war die Schifffahrtsstraße bis Witten der wichtigste Transportweg für Kohle. Mit dem Bau der Eisenbahnstrecke verlor die Schifffahrt immer weiter an Bedeutung und wurde 1889 schließlich ganz eingestellt.*

km 53,8

Freizeitdomizil Ruhrtal
(02324) 44 88

Links passieren wir den *Campingplatz Freizeitdomizil Ruhrtal*, auf dem rechten Ufer weiden urig anmutende Galloway-Rinder und gegenüber machen Schilder auf die Einkehrmöglichkeit im *Gasthaus Zum Deutschen – Restaurant Odysseus* mit deutsch-griechischer Küche aufmerksam.

km 53

Zum Deutschen
(02324) 411 79
Mi-Sa 16-22
Küche ab 17,
So 12-21

km 51,3

tgl 10-16

2 km weiter, anlegen beim Dauercampingplatz, ist es nur ein 15-minütiger Spaziergang zur neugotischen ***Kirche St. Mauritius*** in **Hattingen-Niederwenigern.**

Die gewaltigen Dimensionen der dreischiffigen Hallenkirche in dem dörflich geprägten Niederwenigern sind beeindruckend und erinnern eher an einen Dom (die Kirche ist täglich von 10-16 Uhr geöffnet).

km 50

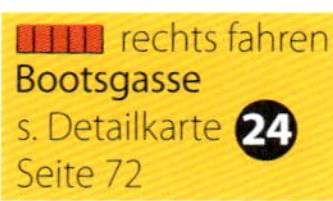

Hinter der nächsten Kurve ist das *Wehr* von **Dahlhausen** erreicht. Den abzweigenden Schleusenkanal lassen wir links liegen und paddeln unter der Schwimmbrücke *(Auf dem Stade)* hindurch und oberhalb des Wehrs weiter bis zur *Bootsrutsche/ Bootsgasse* am Ende.

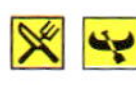

Ruhr-Piraten
0176-24 03 15 90

Hier liegt rechts die *Kanu-Station* der *Ruhr-Piraten,* die auch Boote zur Einsetzstelle ihrer Kunden bringen sowie geführte Touren anbieten. Daneben lässt es sich schön im Biergarten der Ruhr Bodega „La Posta" *(Do+Fr 15-22, Sa+So 12-22)* sitzen.

km 49,7

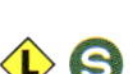

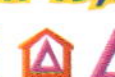
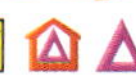

Wasserfreunde Ruhrmühle
0176-87 95 08 67

Im Unterwasser gleich dahinter liegt der *Campingplatz* der *Wasserfreunde Ruhrmühle* und nebenan bietet der Schwimmsteg vor dem großen Vereinsgelände des *Linden-Dahlhauser Kanu-Clubs* eine gute Gelegenheit für den Landgang.

Linden-Dalhauser Kanu-Club
(0234) 49 06 03

Über die Straße *Runrmühle* sind es nur wenige Schritte zur S-Bahn und ins Zentrum von **Bochum-Dahlhausen** mit Restaurants und Einkaufsmöglichkeiten.

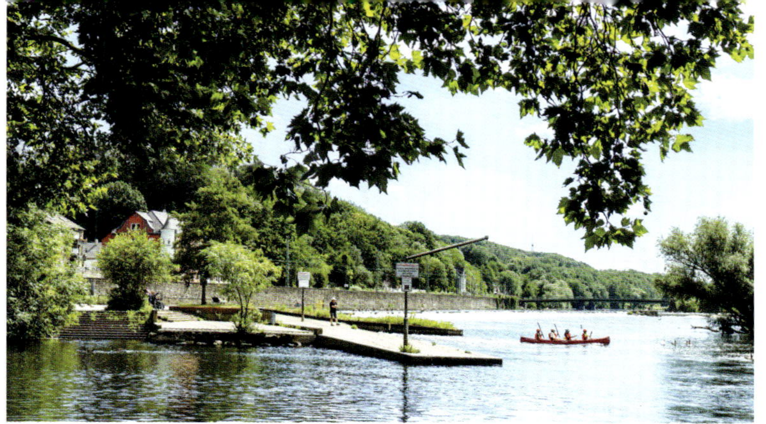

Bootsgasse am Wehr in Dahlhausen

Über die ***Schwimmbrücke*** *(Auf dem Stade)* läuft man in rund 3 km nach **Burgaltendorf** *(Einkehr)* zur ***Ruine Burg Altendorf*** *– eine Wasserburg aus dem 12. Jh. mit heute versandetem Wassergraben, die über den größten erhaltenen Wohnturm zwischen Rhein und Weser verfügt.*

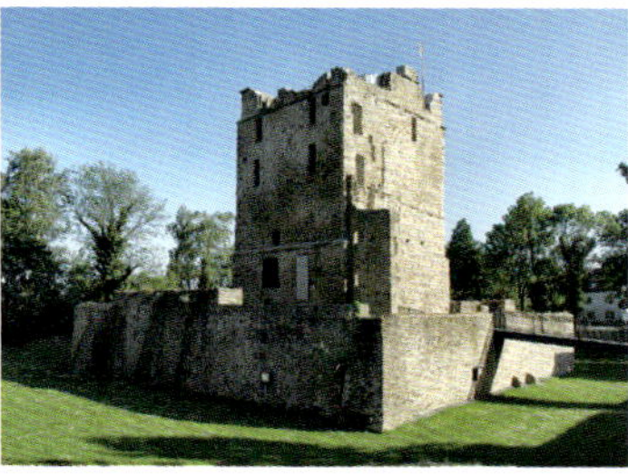

Burg Altendorf steht in 100 Metern Höhe auf einer Halbinsel südlich der Ruhr

Anschließend gibt sich die Ruhr breit und flach und an der alten Eisenbahnbrücke macht ein Schild auf das nahegelegene ***Eisenbahnmuseum*** in **Bochum-Dahlhausen** aufmerksam, wo Bahnnostalgiker leuchtende Augen bekommen. *Zu sehen sind über 120 Schienenfahrzeuge von der Pionierzeit der Eisenbahn Mitte des 19. Jh. bis in die Gegenwart. Am Wochenende lässt sich mit dem historischen Museumszug an der Ruhr enlang reisen. Einmal im Monat wird er von der nostalgischen Dampflokomotive, einmal von einer historischen Diesellok gezogen. Neben dem Museumszug verkehrt auch der Wismarer Schienenbus, das „Schweineschäutzchen" aus den 1930er Jahren.*

km 48,5

Eisenbahnmuseum Bochum
(0234) 49 25 16
Mär-Nov
Di-So+Fei 10-17

Wenige Meter weiter lugt rechts zwischen Bäumen das von den Nationalsozialisten 1934 errichtete ***„Ruhrkämpfer-Ehrenmal"*** *hervor. Es sollte an die Gefallenen erinnern, die 1918-20 gegen die revolutionären Arbeiter im Ruhrgebiet kämpften. Damit nutzten sie ihre Sichtweise der Revolutionszeit propagandistisch um die Weimarer Republik herabzusetzten.*

km 47,5

Bootsgasse li
s. Detailkarte 25
Seite 72

Hinter der nächsten Straßenbrücke folgt das *Wehr* in **Horst-Steele**. Die *Bootsgasse* ist am linken Ufer zu finden. Mit Betätigen des Ziehschalters zeigt die Ampel Grün und wir können problemlos passieren. Das Wasserkraftwerk Horster Mühle rechts gehört zur Route der Industriekultur.

km 47

Ruhrcamping Bauer
0178-156 39 10
Gäste ab 16 Jahre

Kurz darauf ist mit dem *Ruhrcamping Bauer* *(nur Gäste ab 16 Jahre)* der erste von zwei Campingplätzen in **Essen-Horst** erreicht, wo Bauwagen statt Wohnwagen und Zelte das Bild prägen. Wer hier als Wasserwanderer im eigenen Zelt übernachten möchte, sollte unbedingt vorab reservieren, denn die Anzahl der Plätze ist begrenzt.

km 46,6

Campingplatz Horster Ruhrbrücke
0179-794 21 79

Haus Großjung
(0201) 85 83 54 99
Di-Fr ab 15, Sa ab 12, So+Fei ab 11

Der zweite, konventionellere *Camping Horster Ruhrbrücke* ist knapp 400 m weiter vor der nächsten Brücke zu finden. Am *Haus Großjung* direkt nebenan steht im Biergarten unter Linden oder im urigen Fachwerkgebäude deutsche Küche mit mediterranem Einfluss auf der Speisekarte.

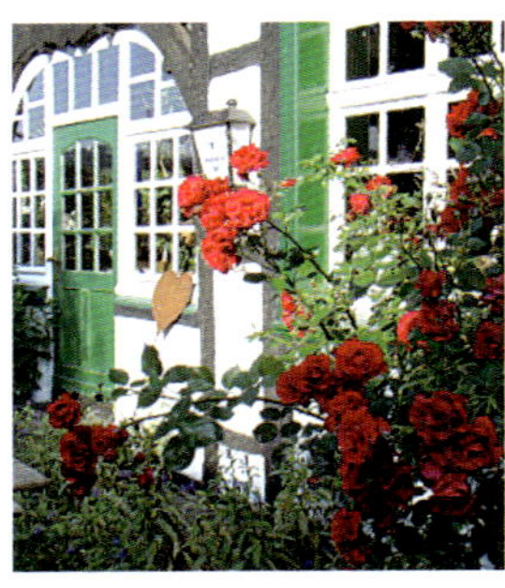

km 46

In einer leichten Rechtskurve erkennt man links an der ***Bogenbrücke aus Ruhrsandstein*** die Einfahrt in den 1837 erbauten ***Holteyer Hafen***. *Er diente der Ruhrschifffahrt als Sicherheitshafen bei Unwettern, Niedrig- und Hochwasser und bei Eisgang. Außerdem überwinterten in ihm die Kohleschiffe, die sogenannten Ruhraaken. Über die Brücke verläuft der alte, schon 1780 errichtete* ***Leinpfad*** *mit teilweise noch Original-Ruhrsandstein-Pflaster.*

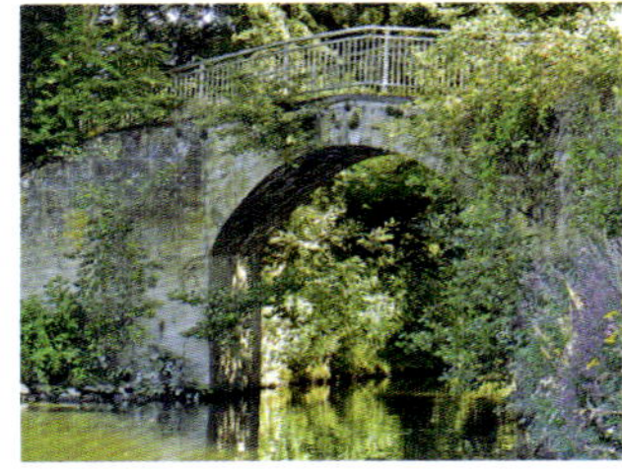

km 44,1

Capobianco Al Fiume
(0201) 469 17 78

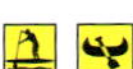

Ruhr Abenteuer
(02327) 36 97 80

Bald gibt sich die Ruhr breit und ruhig und an der Straßenbrücke im Scheitelpunkt der nächsten Kurve bietet sich am Ufer die nächste Einkehrmöglichkeit mit Terrasse direkt am Ufer. Direkt hinter der Brücke rechts serviert das Restaurant *Capobianco Al Fiume* *(tgl. 12-22, Mi Ruhetag)* leckere italienische Küche.

Und vor der Brücke am südlichen Ufer hat der Kanuvermieter und Veranstalter *Ruhr Abenteuer* eine Station.

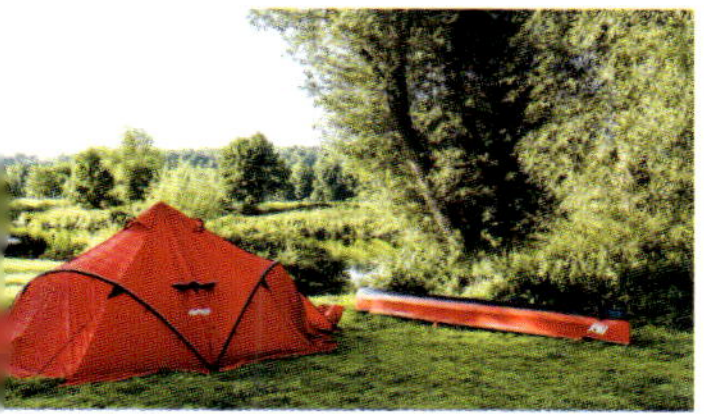

Knapp 500 Meter weiter kann man vor dem **Freibad** *(nach Hochwasserschaden Neubau bis ca. Sommer 2023)* bei der **Kanuabteilung des Schwimmvereins Steele** das Zelt aufbauen. Hier hat auch der Vermieter **Kanutrip.Ruhr** seine Station.

km 43,6

SV Steele 1911 Kanuabteilung
(0201) 51 12 14
Freibad *(ca. 2023)*
(0201) 851 64 24

Kanutrip.Ruhr
(0234) 95 09 82 25

Bald paddeln wir oberhalb des **Wehrs** **Steele-Spillenburg** nach rechts, um dann vor der Brücke nach links in die **Bootsgasse** *(Ampel & Ziehschalter)* einzufahren. Direkt hinter der Bootsrutsche geht es unter der S-Bahnbrücke hindurch nach rechts in den Seitenarm zum Steg des **Steeler Kanu Clubs.** Auf dem Gelände der DKV-Kanustation besteht die Möglichkeit sein Zelt aufzustellen.

km 43

 Bootsgasse li
s. Detailkarte 26
Seite 72 & 87

Steeler Kanu Club
(0201) 51 14 69

Das Fahrwasser ist ab hier ausgetonnt – die Ruhr wird zur Schifffahrtsstraße – und schnell wird deutlich, dass nun **Essen** naht. *Mit 28 Großzechen einst größte Bergbaustadt Europas, repräsentiert Essen in eindrucksvoller Weise den Strukturwandel, indem es sich zum „Schreibtisch des Ruhrgebiets" entwickelt hat, von dem aus viele deutsche Großkonzerne gelenkt werden. Von den modernen Bürokomplexen ist vom Wasser aus nichts zu sehen, dafür haben sich zahlreiche Kanuvereine und Restaurants an den Ufern etabliert.*

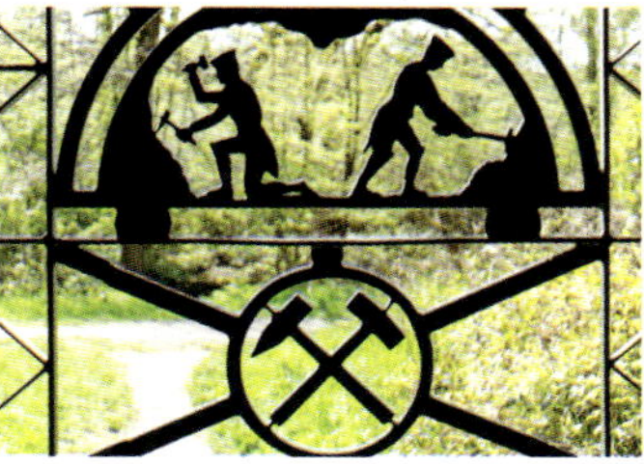

Vorbei an den Toren des „Kanupolo-Dinosauriers" und mehrfachen Deutschen Meisters (zuletzt im Jahre 2017), dem Kanuverein Rothe Mühle, passieren wir den S-Bahnhof **Essen-Holthausen** mit Blick auf den Förderturm der ehemaligen ***Zeche Heinrich*** in **Überruhr**.

Rechts von uns – mitten im Ballungsraum der Stadt **Essen** – liegt die ***Heisinger Aue***, eine Flussaue der Ruhr mit wertvollem Auenwald, Altgewässern mit Röhricht und kleinen Teichen, entstanden durch Bergsenkung. Das 150 Hektar große ***Naturschutzgebiet*** ist Rückzugsraum für viele Vogelarten und bedeutender Überwinterungs- und Rastplatz für Zugvögel.

NSG

km 38,4 

Kanuklub Industrie Essen
(0201) 48 48 88
893 87 53 oder
0152-21 55 49 16

In der Biegung vor der Autobahnbrücke der A 44 in **Essen-Heisingen** umfließt die Ruhr eine ehemalige Schleuseninsel. Im Hauptarm liegt am linken Ufer das Bootshaus des *Kanuklubs Industrie Essen (DKV-Station)* in den Gemäuern eines schon *1685 als Schleifmühle zur Herstellung von Gewehrläufen errichteten Gebäudes.*

Fährhaus Rote Mühle
(0201) 648 47 43

Gegenüber der Mühle wurde 1752 ein steinernes Rasthaus erbaut, da „die Schiffer nachts auf der Ruhr nicht fahren durften". Hier liegt malerisch der Biergarten am *Fährhaus Rote Mühle,* einer der traditionsreichsten Biergärten des gesamten Ruhrgebiets. *Zu Zeiten der Industrialisierung baute man eine Anlegestelle für ein Fährschiff welches die Kumpel von Heisingen über die Ruhr zur mittlerweile stillgelegten Zeche Heinrich brachte. Schon 1774 existierte eine Schleuse für die Kohleschifffahrt auf der Ruhr, deren Kammer zwar noch erhalten ist, die Tore aber wurden, wegen der Aufstauung des Baldeneysees, 1964 entfernt.*

km 37 

Kanu Tour Ruhr
(0201) 95 97 33 23

Es folgt die Autobahnbrücke und etwa 800 Meter weiter die ***Kampmannbrücke*** in **Essen-Kupferdreh.** Am linken Ufer dahinter ist der Kanu- und SUP-Vermieter *Kanu Tour Ruhr*, der auch geführte Touren anbietet, nebenan das

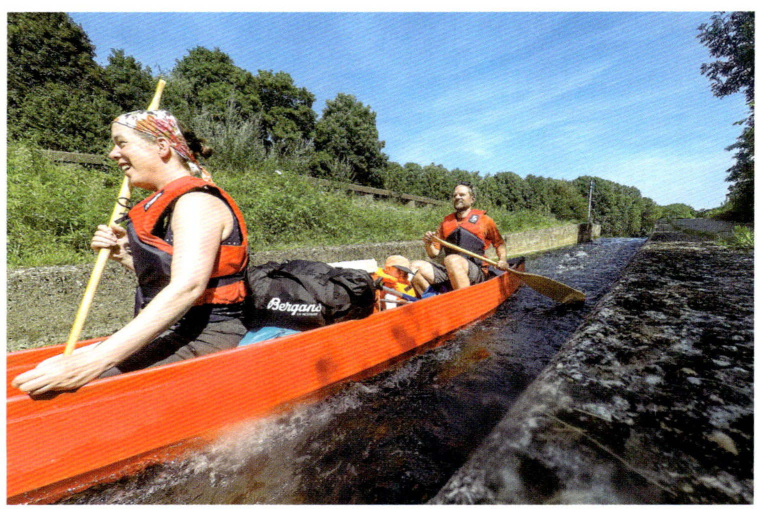

Spritziger Spaß in der Bootsgasse am Spillenburger Wehr

griechische *Restaurant Cavos* *(Mo-Sa ab 17, So ab 12)* zu finden. Fussläufig einen Kilometer entfernt findet man bei *Sport Zoelzer* im Laden *(Kupferdreher Str. 196, Tel. (0201) 487815)* ein großes Outdoor Sortiment.

Cavos Couzina
(0201) 49 02 30 88

Schräg gegenüber am rechten Ufer bei Ruhr-Kilometer 36,9 im Stadtteil **Heisingen** liegt das Bootshaus des *Kanu Klubs Zugvogel,* wo Paddler (*DKV-Mitglieder*) ihr Zelt aufschlagen können.

Kanu Klub Zugvogel e.V. Essen
(0201) 94 61 59 92

*Das Gelände ist guter Ausgangspunkt für eine rund **8 km** lange **Wanderung** (teils über unbefestigte Waldwege, Wiesen und Straßen) in die **Kultur-/Museumslandschaft Deilbachtal** (Route der Industriekultur) am Unterlauf des **Deilbachs** zwischen Essen-Kupferdreh und Velbert-Nierenhof. Entlang mehrerer denkmalgeschützter Industriegebäude, Natur- und Kulturdenkmälern, bekommt man Einblicke in die frühe Industriegeschichte der Region. Dabei kommt man auch zum Deilbachhammer (Foto), dem letzten Hammerwerk des Ruhrgebiets.*

Zurück geht es von Nierenhof in 4 Min mit der S-Bahn 9.

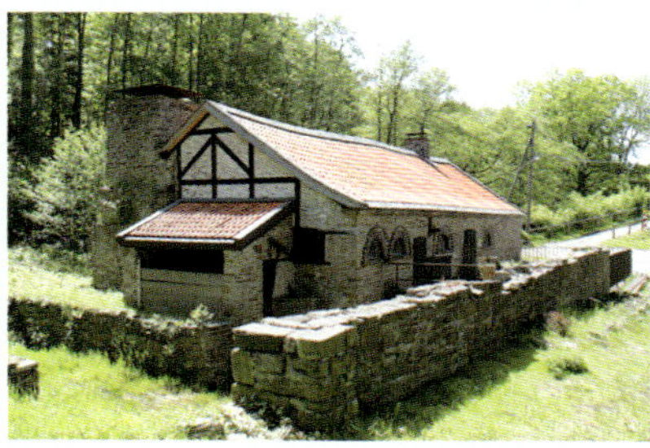

Lese-Tipp:
Wanderführer durch die Kulturlandschaft Deilbachtal,
Klartext Verlag

Leckere Küche findet man etwa 500 Meter nördlich der ***S-Bahnstation Essen-Kupferdreh*** bei *Lukas* im historischen *„Königlich-Preußischen Bahnhof zu Kupferdreh“,* beeindruckend ist das sonntägliche Frühstücksbuffet.

Zwischen hier und Haus Scheppen am Baldeneysee verkehrt die ***Hespertalbahn*** *(Route der Industriekultur),* eine historische Dampflok-Normalspurbahn. *Als Schmalspurbahn mit Pferdebetrieb erschloss sie ab 1857 Erzgruben, später die Zeche Pörtingsiepen.*

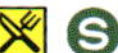

LUKAS Kulinarischer Bahnhof
(0201) 84 83 53
Mo Ruhetag

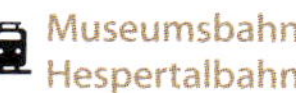

Vor der bald folgenden Fußgängerbrücke lockt am rechten Ufer das mediterrane Szenelokal *See-Bar* mit einer holzbeplankten Uferterrasse sowie am linken Ufer hinter der Brücke *Stathmos Gleis 2* des Eisenbahner Sportvereins Essen-Kupferdreh – griechisch, günstig und lecker – oder noch ein Stück weiter *Nikos's Biergarten am See.*

km 36,2

See-Bar
(0201) 50 76 60 41

Gleis 2
(0201) 50 65 86 62

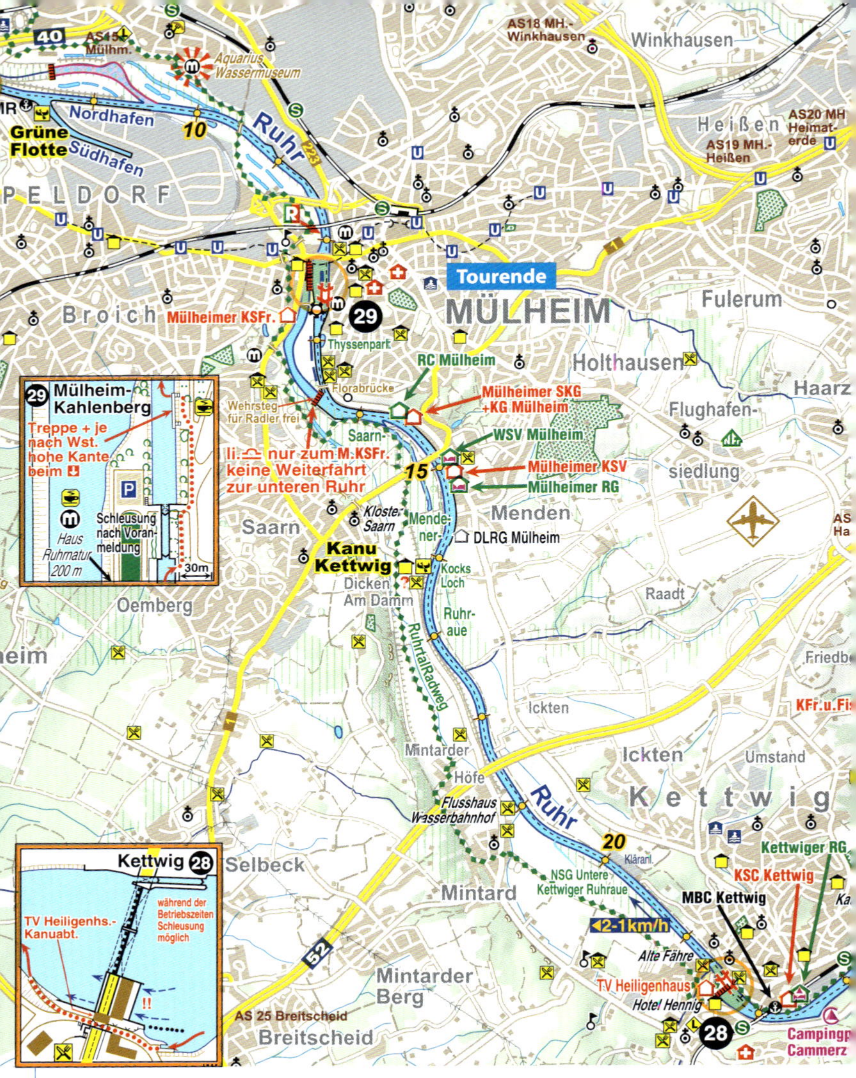

Langsam verbreitert sich die Ruhr zum größten der sechs Ruhrstauseen (*der kleine Stausee Hengsen zählt auch mit*) – dem ***Baldeneysee*** – der 1931 als Wasserspeicher und zur Klärung des Ruhrwassers aufgestaut wurde. Heute ist er weit über die Stadtgrenzen hinaus ein beliebtes Ziel von Ausflüglern und Wassersportlern.

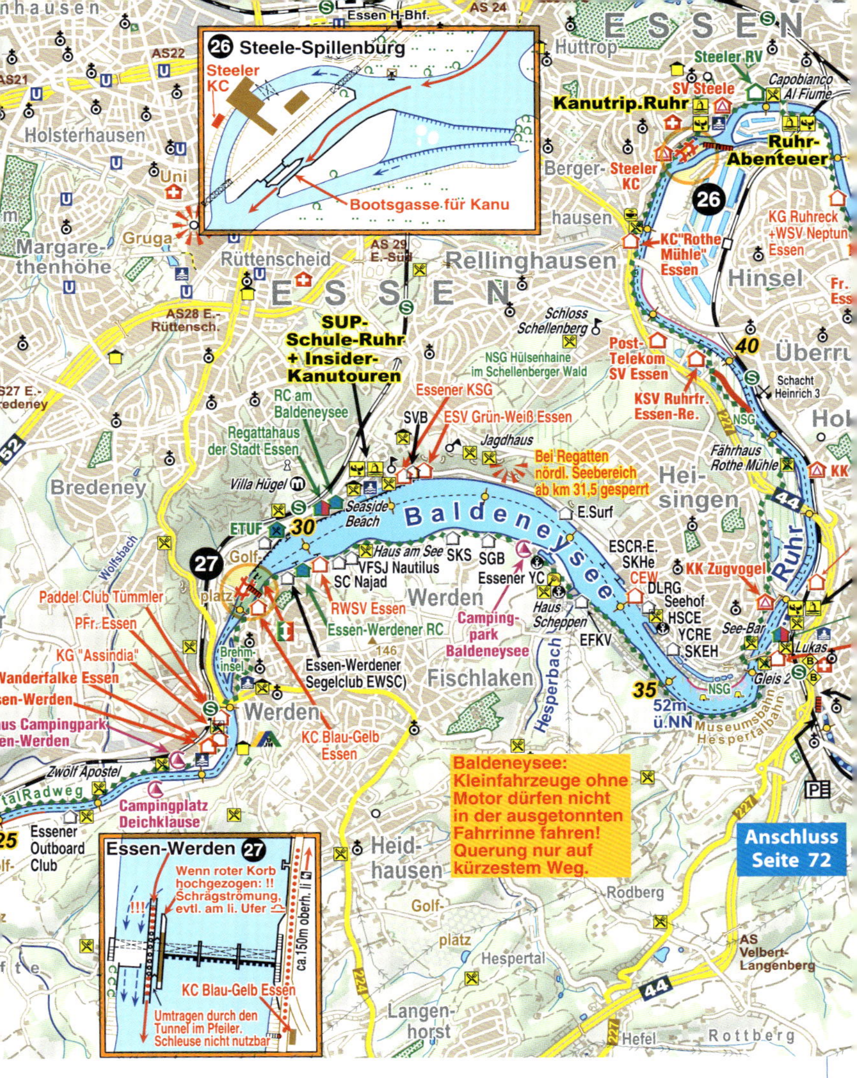

Bei gutem Wetter ist das Sonnendeck auf dem Ausflugsschiff Stadt Essen oder den anderen Dampfern der Weißen Flotte bis auf den letzten Platz gefüllt und auf der etwa 9 Kilometer langen Wasserfläche zwischen waldbedeckten Hügeln kreuzen Segler, Kanuten, viele Ruder- und Motorboote.

Kanuten sollten möglichst nicht im ausgetonnten Fahrwasser fahren und es bei Bedarf auf dem kürzesten Weg queren.

km 35,5 NSG Gelbe Bojen markieren am rechten Ufer das schon beim Anlegen des Sees eingerichtete ***Vogelschutzgebiet Heisinger Bogen***, das nicht befahren werden darf. Sein Flachwasserbereich, mit Resten von Erlenbruchwald, hat große Bedeutung als Rastplatz für Zugvögel und am Ufer führt der ***Fernwanderweg Bergischer Weg*** entlang.

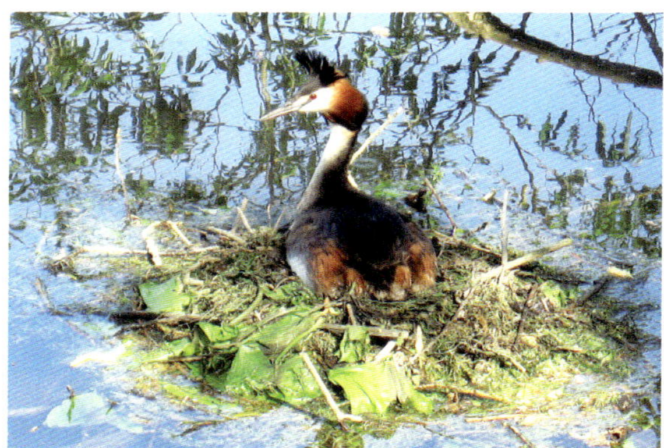

Der ***Baldeneysee*** wird zusehends breiter und an beiden Uferseiten liegen Yachthäfen sowie Gaststätten, Cafés und Biergärten.

(li. Ufer) **km 33,5**

Haus Scheppen
(0201) 40 50 59

Bevor der ***Baldeneysee*** nach Westen abbiegt, liegt an der Mündung des ***Hesperbachs*** in die Ruhr das *Haus Scheppen,* umgeben von einem kleinen Hafen. Das ehemalige Lehnsgut der Abtei Werden im Stadtteil **Fischlaken** ist heute beliebter Treffpunkt von Motorradfahrern und Segelclub mit Restaurant.

(li. Ufer) **km 33,3**

Campingpark Baldeneysee
(0201) 40 20 07

Direkt im Anschluss befindet sich der *Campingpark Baldeneysee* auf ebenem Wiesengelände mit altem Baumbestand.

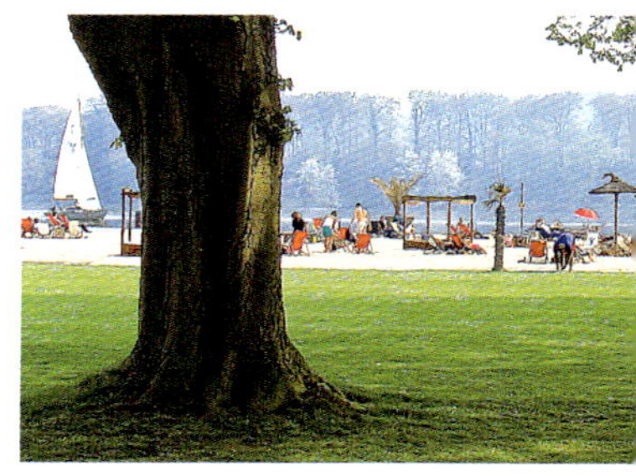

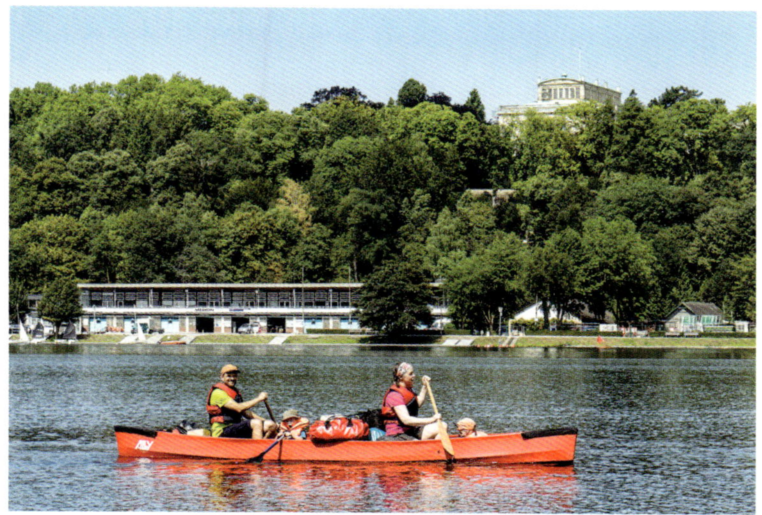

Regattatribüne und Villa Hügel am Baldeneysee

Bei der Weiterfahrt fällt am Nordufer der hell leuchtende Sand des Strandbades *(ehemaliges Freibad von 1937)* ins Auge. Der bis zu 50 Meter breite Traumstrand des ***Seaside Beach*** und echte Palmen lassen bei gutem Wetter Karibikfeeling aufkommen. Dann locken Bars, strandtypische Gastronomie und ein breites Freizeitangebot. Die ***SUP-Schule-Ruhr Pottpaddler*** geben SUP-Kurse und vermieten Bords. Der ***Insider-Kanuverleih*** vermietet hier am Wochenende Kanus um den See zu erkunden oder bringt Ihnen die Kanus zum vereinbarten Startpunkt. Und die ***Südtiroler Stuben*** bieten neben Terrasse mit Seeblick schöne Gästezimmer mit atemberaubendem Blick auf den Baldeneysee.

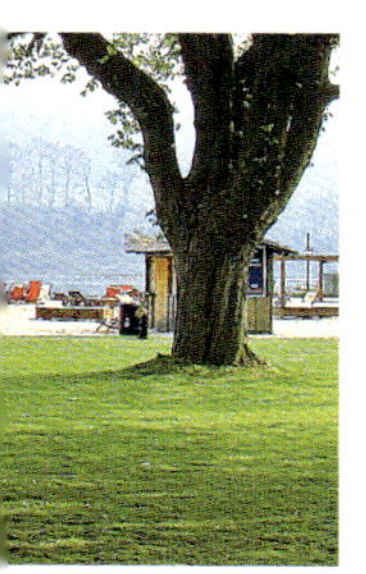

Seit 2017 gibt es hier die Badestelle in der Ruhr *(erste und bislang einzige offizielle Badestelle an der Ruhr).*

Die Wasserqualität wird jeden Morgen kontrolliert. Ob die Badestelle aktuell geöffnet oder geschlossen ist, erfährt man auf der Website des Strandbads unter www.seaside-beach.de

km 30,8 (re. Ufer)

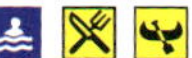

Seaside Beach Baldeney
(0201) 490 60 90

Pott Paddler SUP-Schule-Ruhr
01512-235 52 04

Insider-Kanuverleih
(0201) 56 42 00 14
WE 0176-41 86 73 66

Südtiroler Stuben
(0201) 47 28 48

Ein schöner **Spaziergang** ist es von hier in die Buchen- und Eichenmischwälder des **Naturschutzgebiets Hülsenhaine im Schellenberger Wald,** das von einem Netz aus Wanderwegen durchzogen ist. Wegen des milden lokalen Mikroklimas gedeiht die über zwei Meter hohe Europäische Stechpalme, aber auch zahlreiche seltene und scheue Tierarten haben hier ein Rückzugsgebiet gefunden.

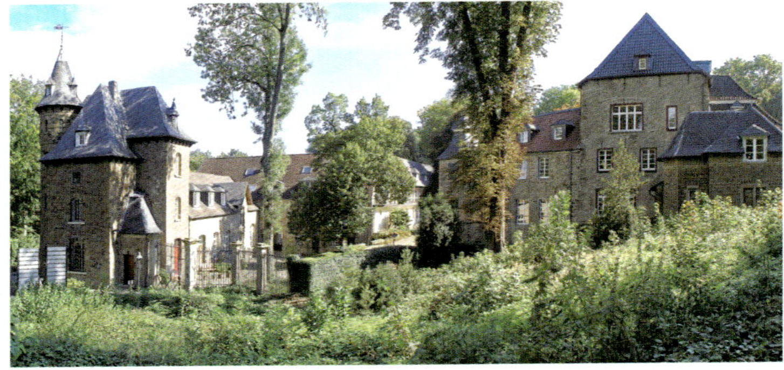

Das gut erhaltene ***Schloss Schellenberg*** *im Stadtteil* ***Rellinghausen*** *ist ein seltenes Beispiel für eine ehemalige, hoch gelegene, zweiteilige Wasserburg.*

Auf dem Rückweg durch den Wald sei ein Abstecher zur ***Korte-Klippe*** *empfohlen. Von diesem Aussichtspunkt hat man einen atemberaubend schönen Blick auf und über den gesamten Baldeneysee. Den hat man auch vom Biergarten des nahen „Jagdhaus Schellenberg" (Mi-Sa ab 17.30, So ab 12, gehobene Küche) oder nebenan von der Sommerterrasse des „Chicago Steakhouse" (ehemals Schwarze Lene, tgl. ab 12, Di Ruhetag).*

(re. Ufer) **km 30,5**

Villa Hügel
(0201) 61 62 90
Di-So 10-18

Hügel-Park
Di-So 9.30-19

Lese-Tipp:
Krupp – Eine deutsche Familie
Ullstein Taschenbuch

Auf der Uferpromenade schließt sich die Tribüne der ***Kanu-Regattastrecke*** an und hoch über den Hügeln am Ufer dahinter thront die *Villa Hügel,* die um *1870 für Alfred Krupp errichtet wurde und mit ihren 269 Zimmern auf 8.100 Quatratmetern bis 1945 Wohnsitz der Familie war.*

Seit 1953 präsentiert die ***Villa Hügel*** *ihre Kunstschätze, Ausstellungen und Konzerte der Öffentlichkeit. Eine historische Sammlung erzählt die Firmen- und Familiengeschichte.*

Der ***Hügel-Park*** *wurde von Alfred Krupp als ursprünglich funktionale Parkanlage selbst geplant, erfuhr in den folgenden Jahrzehnten eine Umgestaltung zu einem repräsentativen englischen Landschaftsgarten.*

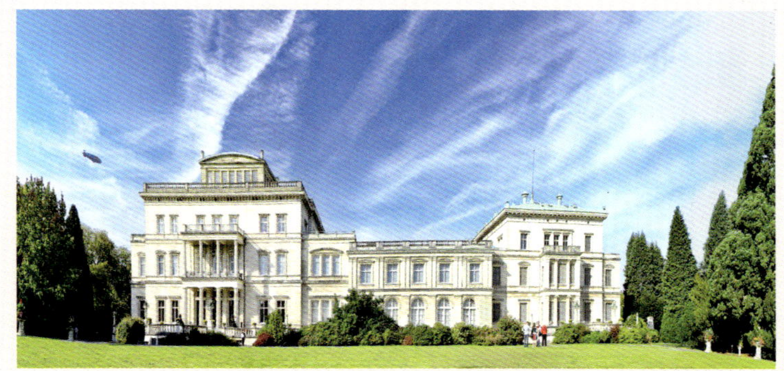

Zum Zeitpunkt des Baus der Villa war das gesamte Areal eine kahle Anhöhe; Krupp, der noch zu seinen Lebzeiten den Eindruck eines Waldes genießen wollte, ließ mit Hilfe eigens angefertigter Spezialwägen zahlreiche größere Bäume anliefern. So fand gar eine aus rund einhundert Bäumen bestehende Ulmenallee aus Mülheim a.d. Ruhr ihren Weg in die Kruppsche Gartenanlage.

Am Ufer gegenüber kann man im *Haus am See,* einem alten Fachwerkhaus aus dem 18. Jh., „Essen wie bei Omma". Hier spielt Zeit eine untergeordnete Rolle, wenn man in der Schaukel liegt und auf den Baldeneysee schaut.

km 30,5 (li. Ufer)

Haus am See
(0201) 177 849 53

Für die *Portage* am *Stauwehr* in **Essen-Werden** peilen wir das rechte Flussdrittel an und können am Metallsteg anlanden, um die Boote durch den Tunnel im Wehrpfeiler zu umtragen.

km 29,1

umtragen durch den Tunnel im Pfeiler
s. Detailkarte 27 Seite 87

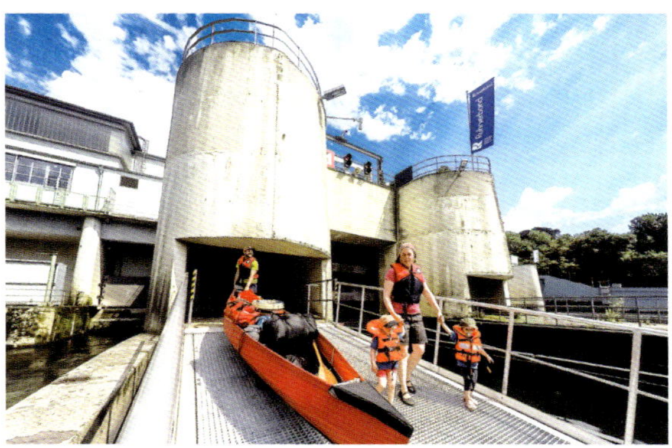

Hinter dem Wehr verjüngt sich die Ruhr wieder auf Flussbreite und am linken Ufer sticht die ***„Villa Werden“*** von 1868 ins Auge, *eine ehemalige Tuchfabrik im viergeschossigen Backsteinbau, die mit ihrem freistehenden Schornstein eine industriegeschichtliche Rarität ist. Das Gebäude, inzwischen eine Wohnanlage, ist das letzte erhaltene Fabrikgebäude der ehemaligen Tuchmacherstadt. Zu einem Wiederaufleben der Tuchmachertradition tragen die beiden Tuchmärkte im Frühjahr und im Herbst bei.*

Die ***Brehminsel*** die sich nun anschließt, wurde bereits 1572 als Viehweide der ***Abtei Werden*** genannt und ist heute **Werden**s „Stadtpark“, mit altem Baumbestand. *Die ehemalige Abtei, Ende des 8. Jh. begründet, war eine der wichtigsten Abteien des Mittelalters. In ihrer Krypta wurde 809 der Hl. Liuager beigesetzt.*

km 26,9

Knaus Campingpark Essen Werden
(0201) 49 29 78

Camping Deichklause
(0201) 49 23 04

Hinter einer langgezogenen Rechtskurve liegen links und rechts je ein *Campingplatz.* Rechts *Knaus,* komfortabel und mit Bistro, links *Camping Deichklause* – ein Platz „ohne Schnick und Schnack“ – naturbelassen für Familien, Ruhesuchende, Angler und Wassersportler.

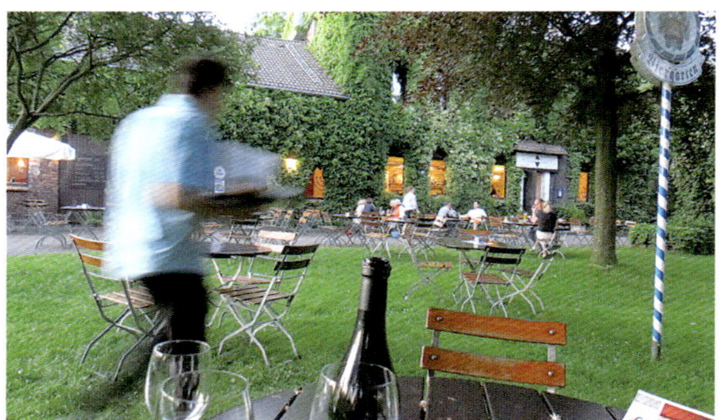

„12 Apostel“

km 26

12 Apostel am Staadt Essen
(0201) 490 24 24
tgl. ab 11

Schevener-Hof
(0201) 49 15 08

Kurz darauf locken am rechten Ufer die Liegestühle des Ausflugslokals *12 Apostel* direkt auf dem Deich und wenige Meter weiter, links, der *Schevener-Hof* *(Mo Ruhetag)*, wo man von der großzügigen Terrasse unter alten Kastanienbäumen sitzend, direkt in die grünen Ruhrauen schaut.

Die Ufer werden vorübergehend wieder etwas grüner und ländlicher. Rechts bei Ruhr-km 23,9 lugt die Ruine des im 13. Jh. erbauten ***Kattenturm***, einst Wohnturm des

Rittersitztes Luttenau, zwischen den Bäumen hindurch und dann ist auch schon **Essen-Kettwig** erreicht.

Gegenüber der Neubausiedlung an der Uferpromenade bietet am Südufer der *Campingplatz Cammerzell* eine Möglichkeit zur Zeltübernachtung, am Nordufer liegt das Vereinsgelände des *KSC Kettwig,* wo sowohl im Zelt als auch im Luftmatratzenlager übernachtet werden kann.

km 22,5

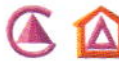

Campingplatz Cammerzell
0171-531 16 35

Kanu-Sport-Club Kettwig
(02054) 804 44

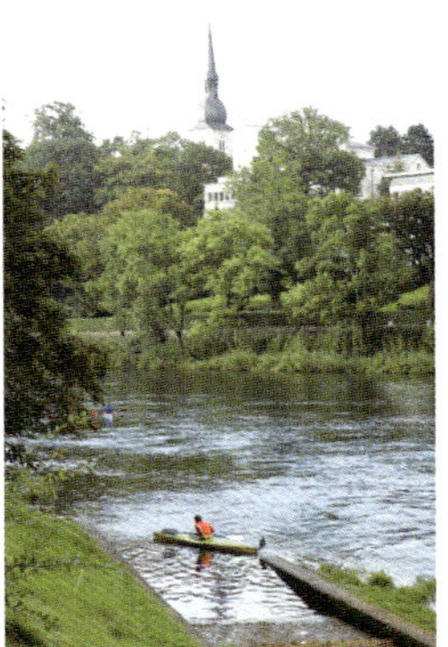

Umtragung in Kettwig

Unter der S-Bahnbrücke hindurch *(links liegt der S-Bahnhof Kettwig-Stausee)* ist es nicht weit bis zum *Wehr Kettwig*, wo man oberhalb gut am linken Ufer in der Nähe des Bootshauses der Kanuabteilung des TV Heiligenhaus an der Rampe anlegen kann, um die Boote, vorbei am *Hotel Hennig Garni* *(Kanu kann am Haus gelagert werden),* ins Unterwasser zu tragen.

km 22

S

km 21,7

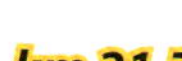 umtragen li
s. Detailkarte 28
Seite 86

Hotel Hennig
(02054) 12 59 15

Am Einstieg im Unterwasser ist das *Gasthaus Alte Fähre* mit seinem schönen Biergarten heute eine kulinarische Besonderheit. *Mitte des 19. Jh. verband eine Fähranlegestelle die beiden Ruhrufer miteinander. Viele Fährmänner kehrten daher regelmäßig in diesem Gasthaus ein, um sich bei zünftigem Essen und Bier zu stärken.*

km 21,6

S 500 m

Gasthaus Alte Fähre
(02054) 865 12
Mo Ruhetag, in der Nebensaison Mo-Do geschlossen

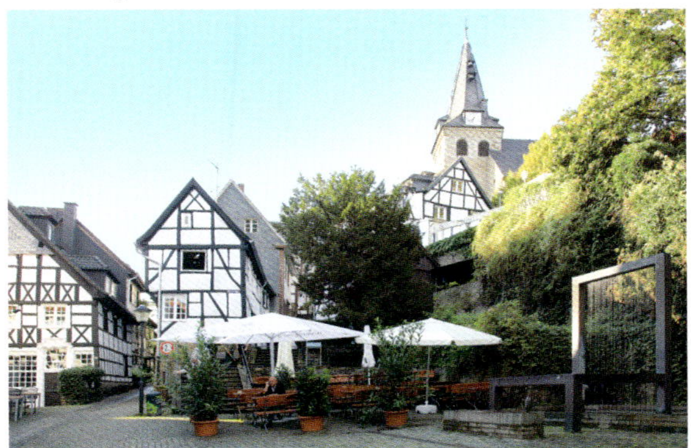

Der Rundgang durch die malerische Altstadt von Kettwig macht Spass!

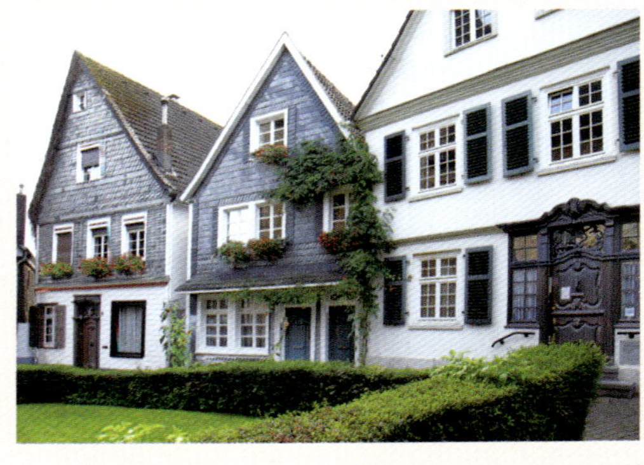

*Vor der Weiterfahrt lohnt ein kurzer Abstecher in die **Kettwiger Altstadt** am anderen Ufer. Von der historischen Brücke aus Ruhrsandstein über den Mühlengraben, einem Nebenarm der Ruhr, fällt der Blick auf die **Evangelische Marktkirche** mit ihrem Turm aus dem 13. Jh., der sich auf dem Martin-Luther-Platz in der Ortsmitte erhebt. Rundherum erinnern zahlreiche **Weberhäuser** daran, dass die Stadt für lange Zeit durch die Tuchmacherei zu wirtschaftlichem Wohlstand gelangt war. Ein Stück weiter nordwestlich liegt die kath. **Pfarrkirche St. Peter,** an deren Planung auch Karl Friedrich Schinkel beteiligt war. Im Innenraum ist ein imposanter Barockaltar aus dem Kloster Gerresheim zu bewundern. Das **Kettwiger Rathaus,** ehemals eine Tuchfabrik, beherbergt heute das Stadtmuseum.*

Auf der Ruhr wird es nun wieder grün und vom ***Leinpfad*** am rechten Ufer grüßen Radler. Am südlichen Ufer dehnt sich auf einem rund 1,5 Kilometer langen Streifen das *Naturschutzgebiet Untere Kettwiger Ruhraue* aus. Weidengebüsch, Buchten mit Stillgewässer, Kiesstrandabschnitte und Bestände des Riesen-Bärenklaus prägen die Brachfläche, an deren Ende ein Altwasser in die Ruhr mündet.

NSG

km 19

Franky's Wasserbahnhof Mintard
(02054) 72 72
Mi-So ab 12

Nach gut 2,5 km ist *Franky's Wasserbahnhof Mintard* erreicht. Hier lockt ein großer Biergarten und wer möchte, kann es sich im Liegestuhl auf der weitläufigen Wiese bequem machen. Die Idylle ist perfekt: Nebenan grasen die Pferde, am Ufer kann man Reiher beobachten und der Blick über die Ruhr reicht weit. Mittlerweile gibt es hier auch gemütliche *Zimmer* in der Mülheimer Idylle.

Wer sich lieber die Beine vertreten möchte, kann die gut 500 Meter zurück in den Ort **Mintard** zur kleinen ***Pfarrkirche St. Laurentius*** gehen. *Sie wurde 873 erstmals urkundlich erwähnt, dann aber sowohl im Dreißigjährigen Krieg wie auch im Zweiten Weltkrieg zerstört und anschließend wieder aufgebaut.*

Kurz darauf schwingt sich die ***Ruhrtalbrücke*** der A 52 in einem über 1,8 Kilometer langen Bogen, der auf insgesamt 18 Pfeilern ruht, in luftiger Höhe über das Ruhrtal. *Das Bauwerk zählt zu den größten Brückenbauprojekten Europas nach dem Zweiten Weltkrieg und ist die längste Stahlbrücke Deutschlands.* **km 18,5**

Das folgende Ruhrstück gibt sich wieder einsam, bis am linken Ufer die ehemalige ***Mülheimer Traditionsgaststätte „Dicken am Damm"*** auftaucht. Nach einem Besitzerwechsel finden zur Zeit (2022) umfangreiche Renovierungsmaßnahmen statt, ein genaues Datum zur Wiedereröffnung steht aber noch nicht fest. **km 16,2**

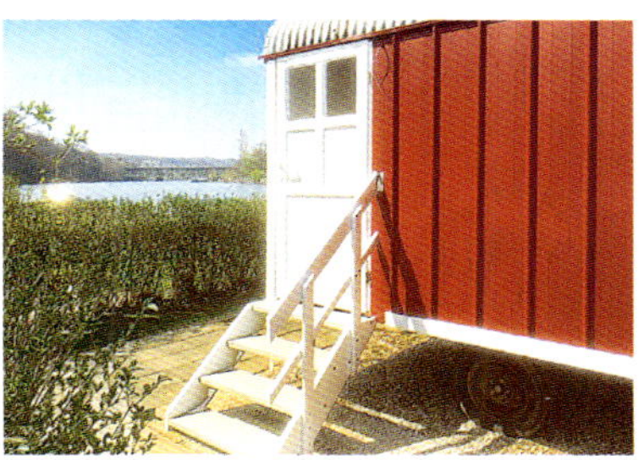

km 16

Bauwagenhotel & Kanuvermietung
0174-232 32 57

Direkt nebenan liegt der Campingplatz von Familie Henkel *(ausschließlich Dauercamper)*, wo der ***Kanuvermieter Kanu Kettwig*** absolut schöne und edel ausgebaute Bauwagen verschiedener Größe und Ausstattung zur Übernachtung anbietet.

Von hier läuft man gut einen Kilometer zum nahen **Klosters Saarn** *– eine prächtige Anlage der Zisterzienser, bereits um 1200 gegründet, mit Gebäudeteilen vom 13.-19. Jh., umgeben von einem schönen Park. Im sehenswerten Kulturkleinod kann man den Kräutergarten mit Klosterbienen, das Museum (Sa 15-18, So 12-16) oder das Klostercafé (Di-Fr 9-18, Sa 10-18, So 14-18) besuchen. Auch tolle Kulturveranstaltungen wie Konzerte oder Lesungen finden hier statt (www.kloster-saarn.com).*

NSG *Gegenüber auf der östlichen Flussseite findet man jenseits des Leinpfads den schwer zugänglichen Auwald von* **Kocks Loch,** *einem Altarmbereich der Ruhr, der zum* ***Naturschutzgebiet Saarn-Mendener Ruhraue*** *gehört. Seltene Tierarten wie Eisvogel, Höckerschwan oder Nutria sind hier wieder heimisch geworden.*

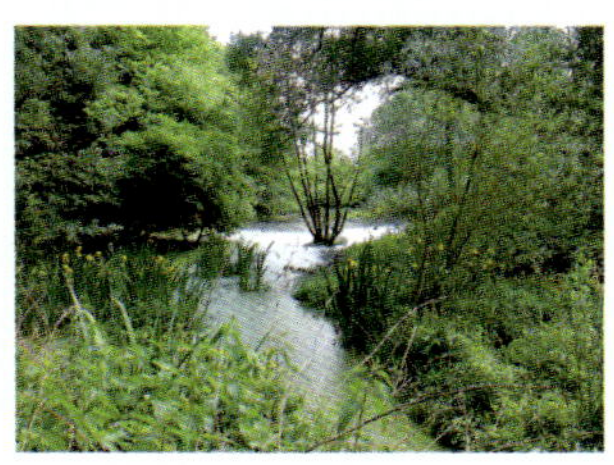

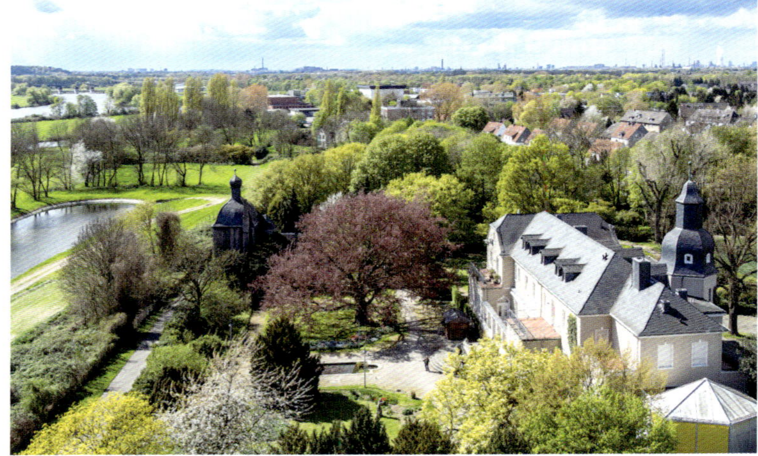

Blick vom Wasserturm des Aquarius Wassermuseums auf Schloß Styrum und Mülheim

km 15

Rist. al Ponte
(0208) 46 71 59 09
12-15 + 17.30-22.30
Di Ruhetag

Vor der nächsten Straßenbrücke im Ortsteil **Menden** ziehen am rechten Ufer die Bootshäuser der Mülheimer Kanu- & Rudervereine vorüber. Am Steg direkt vor der Brücke kann man gut beim Wassersportverein Mülheim anlegen, um auf der Terrasse des *Ristorante al Ponte* mediterrane Küche, Focaccia oder Pizza zu genießen.

km 13,5

im rechten Flussarm fahren

Kurz vor dem *Kahlenbergwehr* in **Mülheim a.d.Ruhr** geht es auf dem *rechten Flussarm* weiter.

Das Umtragen des Wehrs am linken Ufer ist nur sinnvoll, wenn die Tour bei den Mülheimer Kanu- und Ski-Freunden beendet werden soll.

km 13,4

Fair1-Heim in der Tomate
(0208) 46 93 73 37
tgl. ab 10

Nachdem wir unter der Fußgängerbrücke „Florabrücke", die zum ***Ruhrinselweg*** führt, hindurch gepaddelt sind, locken am rechten Ufer nette Einkehrmöglichkeiten wie das kultige *Fair1-Heim in der Tomate (alles bio & nachhaltig)* mit schöner Terrasse oberhalb des Flusses oder, ein kleines Stück weiter, der Kiosk *Trinkhalle an der Florabrücke (tgl. ca. 10/11-18)* – hier kann man am Leinpfad an der Uferkante sitzen und die Beine baumeln lassen.

km 12,7

Gut 700 Meter weiter, nach Passieren des kleinen Teichs des *Thyssen Parks* mit der ***Villa Thyssen***, ist die Spitze der ***Schleuseninsel*** erreicht, wo im ehemaligen Schülerbootshaus das *Naturerlebnismuseum Haus Ruhrnatur* untergebracht ist.

Hier können heimische Fische und andere in der Ruhr lebenden Kleintiere unter dem Mikroskop betrachtet werden. In den Ausstellungen zum Themenbereich Klima und regenerative Energien darf mit Windrädern, Wasserturbinen und Solarzellen experimentiert werden.

Haus Ruhrnatur
(0208) 443 33 80
Di-So 10-18

Im Eingangsbereich kümmert sich das kleine Museumscafé ***Café am Fluss*** *(Di-So 11-18)* mit idyllischem Biergarten um das leibliche Wohl.

Café am Fluss
(0208) 30 99 32 84
Di-So 11-18

Obwohl auch vom Hochwasser 2021 arg in Mitleidenschaft gezogen, ist beides in 2022 wieder geöffnet.

Nur wenige Meter weiter liegt linkerhand der ***Wasserbahnhof,*** Wahrzeichen von **Mülheim a.d.Ruhr** und Bestandteil der Route der Industriekultur.

1927 als Trinkhalle für die Fahrgäste der Ruhrschifffahrt gebaut, 1945 von der englischen Besatzungsmacht als Kasino genutzt. Heute immer noch Startplatz der Schiffsfahrten der Weißen Flotte.

Gegenüber am rechten Ufer kann vor der Kahlenberger Schleuse die Tour gut ***beendet*** werden. An der Kaimauer unterhalb eines Verladekrans findet man eine steile, schmale Treppe.

km 12,5
Tour-Ende
(1.500 m)

Schleuse
Schleusung nach Voranmeldung, umtragen möglich
s. Detailkarte 29
Seite 86

Eine Weiterfahrt Richtung Rhein würde in den ***„duisport"*** führen, wie der Duisburger Binnenhafen, der größte weltweit, auch genannt wird.

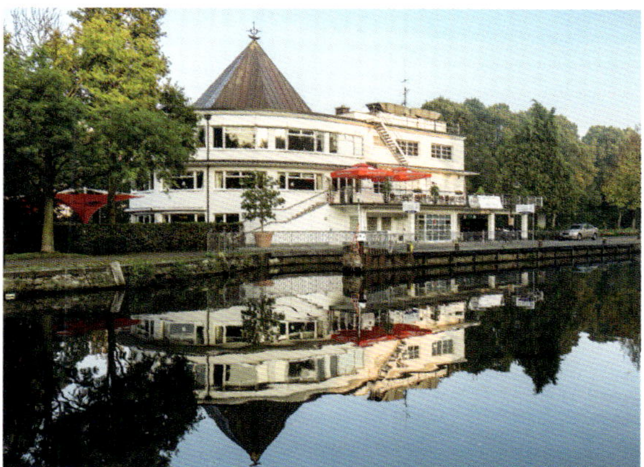

Der Wasserbahnhof auf der Schleuseninsel im Morgenlicht

Blick auf Mülheim a.d. Ruhr

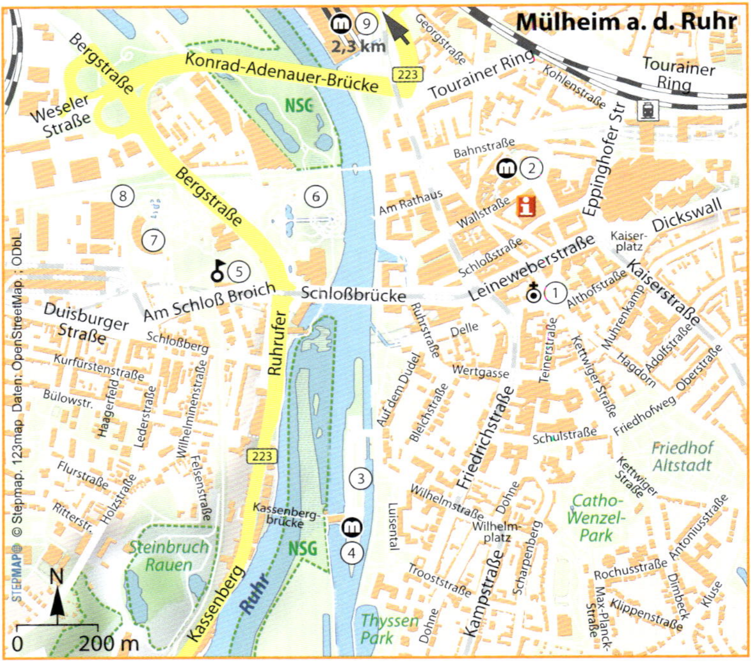

© Stepmap. 123map Daten: OpenStreetMap ; ODbL

① ***Petrikirche.*** Das älteste Kirchengebäude Mülheims geht auf die Kapelle eines mittelalterlichen Herrenhofs zurück und bildet den Mittelpunkt der Altstadt mit verwinkelten Straßen und Fachwerkhäusern.

② ***Kunstmuseum in der Alten Post.*** Die renommierte Kunstsammlung mit Schwerpunkt Expressionismus und klassische Moderne zeigt Werke von Max Beckmann, Max Ernst, Lyonel Feininger, Ernst Ludwig Kirchner, Erich Heckel, Emil Nolde, Franz Marc, August Macke. *Seit Nov 2018 temporär in der Schloßstr. 28-30, Tel. (0208) 455 41 38, Di-Fr 10-18, Sa 10-14, Eintritt 4 € / 2 €, Familien 8 €.*

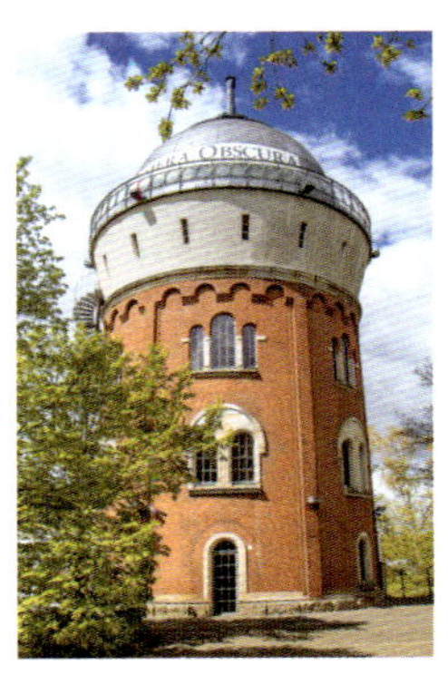

③ ***Wasserbahnhof auf der Schleuseninsel.*** Für den Ausflugsverkehr auf der Ruhr 1927 gebaut, heute Anleger für die Schiffe der Weißen Flotte.

(4) ***Haus Ruhrnatur.*** Naturkunde- und Umweltmuseum zu Flora und Fauna des Ruhrtals. *Alte Schleuse 3, Tel. (0208) 443 33 80,* www.haus-ruhrnatur.de

(5) ***Schloss Broich.*** Älteste erhaltene Burganlage im deutschsprachigen Raum aus spätkarolingischer Zeit. Ausstellung zur Stadtgeschichte (*Am Schloß Broich 28*).

(6) ***MüGa-Park.*** Die über 7 km lange Parkanlage, „Mülheims Garten an der Ruhr", entstand zur Landesgartenschau 1992.

(7) ***Ringlokschuppen.*** Ehemaliges Eisenbahndepot, heute Kulturzentrum.

(8) ***Camera Obscura.*** Größte begehbare Camera Obscura der Welt im ehemaligen Broicher Wasserturm. In den unteren Etagen „Museum zur Vorgeschichte des Films". *Am Schloß Broich 42, Tel. (0208) 302 26 05.*

(9) ***Aquarius Wassermuseum.*** Unbedingt besuchenswert ist das moderne multimediale Museum im über 100 Jahre alten Wasserturm. Auf 14 Ebenen und 30 Stationen ein Erlebnis zum Thema „Wasser", *Burgstraße 70.*

Mülheim ist die einzige Großstadt, deren Zentrum direkt an der Ruhr liegt. Die Altstadt, wahrscheinlich schon im 6. Jh. besiedelt, prägen verwinkelte Gassen und Fachwerk. Der Ausbau der Ruhr zur Schifffahrtsstraße Ende des 18. Jh. markierte den Auftakt zur Industrialisierung Mülheims. Der erste Kokshochofen im Ruhrgebiet entstand 1849 auf der Friedrich-Willems-Hütte und Mülheim entwickelte sich zu einem wichtigen Industriestandort, der mit Großunternehmern wie Thyssen, Stinnes oder Mannesmann verbunden ist.

Die Epoche von Stahlproduktion und Kohleförderung ging allerdings bereits Mitte der 1960er Jahre zu Ende und die Stadt hatte den Strukturwandel hin zu einer Dienstleistungs- und Bildungsmetropole wesentlich früher zu bewältigen, als andere Städte des Ruhrgebiets.

Tourist-Info, Schollenstr. 1, 45468 Mülheim a.d. Ruhr, Tel. (0208) 96 09 60, *Mo-Fr 9-18, Sa 10-14,* www.muehlheim-tourismus.de

*Die drei **„Mülheimer Ruhrperlen"** eröffnen eine komfortable Möglichkeit, um die zahlreichen Attraktionen Mülheims mit dem Rad oder zu Fuß zu erkunden. Die drei Routen zu den Themen Ruhrnatur, Industriegeschichte und Kultur mit je 16 Kilometern verbinden insgesamt 26 Attraktionen oft in unmittelbarer Nähe zur Ruhr* **www.ruhrperlen.de**

Fahrräder mieten bei ***RevierRad*** oder ***metropolradruhr***.

Übernachtung in Wassernähe

Die von uns genannten Übernachtungsmöglichkeiten an der Ruhr liegen meist in Wassernähe oder sind mit dem Kanuwagen vom Wasser aus gut zu erreichen. Nicht vergessen: Um sich seines Bettes sicher zu sein, immer vorab reservieren!

Dahlhausen (OT von 44879 Bochum)

Linden-Dahlhauser Kanu-Club, Ruhrmühle 3, Tel. (0234) 539 95 41, www.ldkc.de

Wasserfreunde Ruhrmühle, Ruhrmühle 2, Tel. 0176-87 95 08 67, www.wasserfreunde-ruhrmuehle.de

Dellwig (OT von 58730 Fröndenberg)

Kanuklub Unna, Ohlweg 20, Tel. (02378) 28 66, www.kku49.de

Kanu-Verein Holzwickede, Ohlweg 20, Tel. (02301) 131 84, www.kanu-holzwickede.de

Drüpplingsen (OT von 58640 Iserlohn)

Campingplatz Kampmeier, Dellwiger Weg 10, Tel. (02378) 22 05, mobil 0170-844 68 31, www.campingplatz-kampmeier.de

Campingplatz Ruhrtalblick, Dellwiger Weg 8, Tel. (02378) 27 68, www.ruhrtalblick.de

Essen (am Baldeneysee)

Campingpark am Baldeneysee, Hardenbergufer 369, 45239 Essen (Fischlaken), Tel. (0201) 40 20 07, www.campingpark-baldeneysee.de

Südtiroler Stuben, Freiherr-vom-Stein-Straße 280 a, 45133 Essen (Bredeney), Tel. (0201) 47 28 48, www.suedtiroler-stuben.de

Essen-Heisingen (PLZ 45259)

Kanu Klub Zugvogel, Stauseebogen 11, Tel. (0201) 94 61 59 92, www.kkz-essen.de

Essen-Horst (OT von 45279 Essen)

Campingplatz Horster Ruhrbrücke, In der Lake 26, Tel. 0179-794 21 79, www.horster-ruhrbruecke.de

Ruhrcamping, Übernachtung im Bauwagen, Wochenende nur komplett, Besucher nur Ü16 (Mindestalter 16 Jahre!), In der Lake 76, Tel. 0178-156 39 10, www.ruhrcamping.de

Essen-Kettwig (PLZ 45219)

Campingplatz Cammerzell, Werdener Straße 101, Tel. 0171-531 16 35, www.camping-cammerzell.de

FeWo Hennig, Zur Alten Fähre 27, Tel. (02054) 12 59 15, www.ferienwohnung-hennig.com

Kanu-Sport Club Kettwig, Promenadenweg 98, Tel. (02054) 804 44, www.ksc-kettwig.de

Essen-Kupferdreh (PLZ 45277)

KKI Kanuklub Industrie Essen, Langenberger Str. 664 a, Tel. (0201) 893 87 53 oder 0152-21 55 49 16, www.kki-essen.de

Essen-Steele (PLZ 45276)

Kanuabteilung Schwimmverein Steele 1911, Westfalenstraße 210 a, Tel. (0201) 51 12 14 (*Vereinsheim*), www.steele11.de

Steeler Kanu Club, Westfalenstr. 96 a, 45136 Essen, Tel. (0201) 51 14 69 (*Bootshaus*), www.steeler-kanu-club.de

Essen-Werden (OT von 45239 Essen)

Camping Deichklause, Laupendahler Landstr. 140, Tel. (0201) 49 23 04, www.camping-deichklause.de

Knaus Campingpark, Im Löwental 67, Tel. (0201) 49 29 78, www.knauscamp.de

Fröndenberg (PLZ 58730)

Das Neue Hotel am Park, Ruhrstraße 16, Tel. (02373)17 40 50, www.das-neue-hotel-am-park.de

Haus Ruhrbrücke, Ruhrstr. 20, Tel. (02373) 721 69, www.hotel-haus-ruhrbruecke.de

Kanu Club Menden, Fröndenberger Str. 220, Tel. 0163-292 36 14, www.kc-menden.de

KC Fröndenberg, Ruhrstraße, Tel. (02373) 711 77, www.kc-froendenberg.de

Hagen (PLZ 58089)

DKV-Station des Kanu-Club Hagen am Hengsteysee, Seestr. 2b, Tel. (02331) 611 48, www.kc-hagen.de

Hohenlimburger Kanu-Verein, Ruhrtalstr. 10, www.kanu-hohenlimburg.de

Hattingen (PLZ 45525, 45527, 45529)

Bochumer Kanu Klub, An der Kost 13, Tel. (02324) 612 47, www.bochumer-kanu-club.de

Camping „An der Kost", An der Kost 18, Tel. (02324) 609 15, www.campinghattingen.de

Camping Freizeitdomizil Ruhrtal (*auch einfache „Naturlodges", kein Wasserzugang*), Tippelstr. 4, Tel. (02324) 44 88, http://ruhrtal.freizeit-oasen.de

Camping Ruhrbrücke, Ruhrstr. 6, Tel. (02324) 800 38, www.camping-hattingen.de

Hotel An der Kost, An der Kost 18, Tel. (02324) 39 11 80, www.anderkost.de

Hotel Birschel-Mühle, Schleusenstr. 8, Tel. (02324) 910 08 71, www.birschel-muehle.de

Herdecke (PLZ 58313)

Ringhotel Zweibrücker Hof, Zweibrücker Hof 4, Tel. (02330) 60 50, www.riepe.com

Wasserwanderer Hagen, Vorhaller Weg 13, Tel. (02330) 38 58, www.kvw-hagen.de

Mintard (OT von 45481 Mülheim an der Ruhr)

Bauwagenhotel & Kanu, Mintarder Str. 139, Tel. 0174-232 32 57, www.kanu-kettwig.de

Franky's Wasserbahnhof Mintard, August-Thyssen-Str. 129, Tel. (02054) 72 72, www.frankys-wasserbahnhof.de

Mülheim an der Ruhr

Boutique Hotel Villa am Ruhrufer (5-Sterne Hotel), Dohne 105, 45468 Mülheim a.d. Ruhr, Tel. (0208) 941 39 70, www.villa-am-ruhrufer.com

Hotel am Ruhrufer, Dohne 74, Tel. (0208) 941 39 70, www.hotel-am-ruhrufer.de

Kanu Kettwig (Bauwagenhotel & Kanu), Mintarder Str. 139, 45481 Mülheim a.d. Ruhr, Tel. 0174-232 32 57, www.kanu-kettwig.de

Schwerte (PLZ 58239)

Haus Villigst, Iserlohner Str. 25, Tel. (02304) 755-0, www.haus-villigst.de

Hotel & Restaurant Gutshof Wellenbad, Zum Wellenbad 7, Tel. (02304) 48 79, www.gutshof-wellenbad.de

Kanu- & Surf-Verein Schwerte, Detlef-Lewe-Weg 1, Tel. (02304) 166 41, www.kvs-schwerte.de

Stiepel (OT von Bochum PLZ 44797)

Kanu Club Wiking Bochum, Im Sonderfeld 81, Tel. (0234) 79 30 54, www.kc-wiking.de

Syburg (OT von Dortmund PLZ 44265)

Camping Hohensyburg (auch Campingfässer und Mietwohnwagen), Syburger Dorfstr. 69, Tel. (0231) 77 43 74, www.camping-hohensyburg.de

Wetter/Hagen-Vorhalle (PLZ 58089)

Zeltwiese des Kanu Club Wetter / Ruhr 1901 am gegenüberliegenden Ufer des Harkortsees, Baukey 1, Tel. (02335) 41 68 (*Bootshaus*), www.kcwetter.de

Wickede/ Fröndenberg-Warmen

Kanu-Club Wickede, Am Kraftwerk 3, Tel. 0162-927 01 41, www.kanu-club-wickede.de

Witten

Campingplatz Steger, Uferstr. 68, 58452 Witten, Tel. (02302) 309 90

Kanu-Club Witten, In der Lake 7, 58456 Witten, Tel. (02302) 231 69, www.kcwitten.de

Kanu-Klub Neptun Witten, Wetterstraße 42, 58453 Witten, Tel. (02302) 657 70, www.kknwitten.jimdo.com

Kanu-Ski-Club Witten (Zeltwiese und Bettenlager im Bootshaus), Uferstr. 25, 58452 Witten, Tel. (02302) 336 66, www.ksc-witten.ruhr

Kanuvermieter, geführte Kanutouren & Veranstalter

Bochum-Dahlhausen (PLZ 44879)

Ruhr-Piraten, Ruhrmühle 1, Tel. 0176-24 03 15 90, www.ruhr-piraten.com

Baldeneysee (Nordufer) / Essen (PLZ 45133)

Insider Kanutouren, am Wochenende am Seaside Beach Baldeney, sonst mobile Vermietung – bringen Boote zum Startpunkt, Vermietung und geführte Touren zwischen Hattingen und Essen-Kettwig, Tel. (0201) 56 42 00 14 , www.insider-kanutouren.de

Essen-Steele (PLZ 45277)

Ruhr-Abenteuer, auch mobile Station, Abschnitt Hattingen – Essen/Baldeneysee, Langenberger Str. 1, Tel. (02327) 36 97 80, www.ruhr-abenteuer.de

Kanutrip.Ruhr, Westfalenstr. 210 a, Tel. (0234) 95 09 82 25, www.kanutrip.ruhr

Hattingen (PLZ 45525)

Querfeldeins (kein fester Standort, Kanuvermietung nur ab Hattingen für 2 Touren: 1. bis Bochum-Dahlhausen, 2. bis Essen-Horst), Tel. (0201) 857 95 00, www.querfeldeins.org

Essen-Kupferdreh (PLZ 45257)

Kanu Tour Ruhr, Kampmannbrücke 35, Tel. (0201) 95 97 33 23, www.kanu-tour-ruhr.de

Hagen (PLZ 58099) / am Hengsteysee

Kayabamba, Dortmunder Straße 98, *Mo-Fr 12-20, Sa+So 10-20,* Tel. (02331) 344 07 74, www.kayabamba.de

Lünen (PLZ 44534)

Lippetouristik (Bootsübergabe in **Wetter am Harkortsee**, **Witten-Bommern** *oder* **Bochum-Stiepel,** *vier geführte Touren zwischen Neheim-Hüsten und Hattingen*), Alstedder Str. 33, Tel. (02306) 78 10 07, www.lippetouristik.de

Mülheim an der Ruhr (PLZ 45481)

Kanu Kettwig *(Bauwagenhotel & Kanu, Abschnitt Essen – Mülheim)*, Mintarder Str. 139, Tel. 0174-232 32 57, www.kanu-kettwig.de

Grüne Flotte, Hafenstr. 15, 45478 Mülheim a.d. Ruhr, Tel. (0208) 740 498 75, www.gruene-flotte.de

Schwerte (PLZ 58239)

Lenne-Ruhr-Kanu-Tour, Rad & Kanu, auch geführte Kanutouren (Stationen in **Schwerte** *(Kanucamp, Ein- /Ausstieg & Raststation),* **Herdecke** *(Einstieg & Raststation),* **Witten** *(Ein-/Ausstieg & Raststation),* **Kemnader See, Hafen Heveney** *(Ein-/Ausstieg und Raststation),* **Hattingen** *(Einstieg & Raststation)*, Tel. (02304) 616 99, www.ruhr-kanu.de

Unna (PLZ 59423)

Sport Schröer (SUP+Kanu Test- & Mietboote, gr. Kanu+Outdoor Laden), Tel. (02303) 17 93, *Mo-Mi 10-18, Do+Fr 10-19, Sa 10-14,* Massener Str. 137, www.sport-schroeer.de

Viersen (PLZ 41748)

BAKO-Special-Tours (nur mobil, Bootslieferung nach Hattingen, Bochum-Dahlhausen, Essen-Werden, Essen-Kettwig, auch Rafting), Tel. (02162) 35 04 16, www.ruhrtouren.de

Wengern (OT von 58300 Wetter)

natur-aktiv (mobile Rad- & Kanuvermietung, auch geführte Kanutouren), Büro: Osterfeldstr. 89, Tel. (02335) 80 17 80, mobil 0173-522 95 31, www.natur-aktiv.com

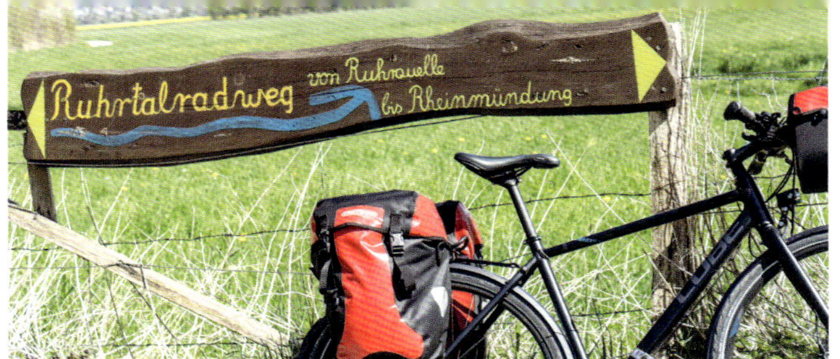

SUP-Vermieter

Kayabamba (am Hengsteysee), Dortmunder Straße 98, 58099 Hagen, *Mo-Fr 12-20, Sa+So 10-20,* Tel. (02331) 344 07 74, www.kayabamba.de

Pott Paddler/SUP-Schule-Ruhr (am Seaside Beach Baldeneysee ***45133 Essen, Freiherr-vom-Stein-Str. 384*** *und an Franky's Wasserbahnhof Mintard in* ***45481 Mülheim an der Ruhr, August-Thyssen-Straße 129****),* Tel. 01577-602 01 82, www.sup-schule-ruhr.de

Kanu Tour Ruhr, Kampmannbrücke 35, 45257 Essen-Kupferdreh, Tel. (0201) 95 97 33 23, www.kanu-tour-ruhr.de

WestUfer (Stationen Campingpl. Ruhrbrücke & Kemnader See), Bootshallen Gibraltar, Oveneystr. 71, 44797 Bochum, Tel. 01512-287 83 90, www.westufer-kemnade.de

Sport Schroer (SUP Test- & Mietboards, Kanu+Outdoor Laden, Mo-Mi 10-18, Do+Fr 10-19, Sa 10-14), Massener Str. 137, 59423 Unna, Tel. (02303) 17 93, www.sport-schroeer.de

Fahrradvermieter

Auch Campingplätze, Pensionen, Hotels oder Tourist-Infos bieten manchmal ihren Gästen Fahrräder zum Mieten an, fragen Sie nach!

Gesamte Region

metropolradruhr – größtes Fahrradmietsystem Deutschlands mit rund **300 Stationen im gesamten Ruhrgebiet.** *Anmietung nach einmaliger Registrierung rund um die Uhr per Smartphone-App, Telefon oder am Terminal vor Ort. Nach der Tour gibt man das Rad ebenso einfach am Zielort wieder ab.* Infos unter: www.metropolradruhr.de

Revierrad – zahlreiche Stationen im gesamten Ruhrgebiet, daher Möglichkeit zu Einwegfahrten (u.a. **Arnsberg, Bochum, Duisburg, Essen,** Henrichshütte in **Hattingen, Mülheim a.d.Ruhr,** Zeche Nachtigall in **Witten-Bommern**), www.revierrad.de

Schwerte (PLZ 58239)

Lenne-Ruhr-Kanu-Tour (Rad&Kanu), Ruhrstr. 18, Tel. (02304) 616 99, www.ruhr-kanu.de

Wengern (OT von 58300 Wetter)

natur-aktiv (Rad- & Kanuvermietung), Osterfeldstr. 89, Tel. (02335) 80 17 80, mobil 0173-522 95 31, www.natur-aktiv.com

Sehenswürdigkeiten

Arnsberg-Voßwinkel (PLZ 59757)

Wildwald Voßwinkel, Bellingsen 5, Tel. (02932) 972 30, *tgl. 9-17, Eintritt 5-7 €, Kinder 4-5 €, Familie 16-21 €,* www.wildwald.de

Dahlhausen (Stadtteil von 44879 Bochum)

Eisenbahnmuseum Bochum, Dr.-C.-Otto-Str. 191, Tel. (0234) 49 25 16, *Mär-Nov Di-Sa, So+Fei 10-17, Erw. 9,50 €, Kind 4,50 €, Fam. 23 €,* www.eisenbahnmuseum-bochum.de

RuhrtalBahn, Fahrten mit dem Museumszug buchen über das Eisenbahnmuseum Bochum, Tel. Di-Fr 10-16: (0234) 49 25 16, www.eisenbahnmuseum-bochum.de

Essen

Kulturstiftung Ruhr – Villa Hügel, Hügel 15, 45133 Essen, Tel. (0201) 61 62 90, *Park Di-So 9.30-19, Villa Di-So 10-18, Eintritt 5 € (Villa+Park),* www.villahuegel.de

UNESCO-Welterbe Zollverein, Gelsenkirchener Str. 181, 45309 Essen, Tel. (0201) 24 68 10, www.zollverein.de

Fröndenberg (PLZ 58730)

Kettenschmiedemuseum, Ruhrstr. 12, Tel. (02303) 820 04, mobil 0171-709 29 63, *So 10-17 (Schmiedevorführungen jeden 1. + 3. Sonntag im Monat 11, 12 und 13 Uhr),* www.freu-dich-auf-froendenberg.de

Heimatmuseum, Kirchpl. 2, Tel. (02303) 400 26, *Mai-Okt jeder 2. Sa 14-16, Eintritt frei*

Hagen-Vorhalle (OT von 58089 Hagen)

Museum Wasserschloss Werdringen, Werdringen 1, Tel. (02331) 207 31 31, *Do+Fr 10-17, Sa+So 11-18, Eintritt 4 €/2€, Fam. 9 €,* www.hagen.de >Kultur & Bildung

Hattingen (PLZ 45527)

Feuerwehrmuseum Feuer.Wehrk, Henrichs-Allee 2, Tel. (02324) 298 46 85, *Öffnungszeiten anfragen, Eintritt 5 €, Fam. 10 €,* www.feuerimrevier.de

Haus Kemnade, An der Kemnade 10, Tel. (02324) 302 68, www.fv-hauskemnade.de

Museum Bügeleisenhaus, Haldenplatz 1, Tel. 0175-419 41 95, *z.Zt. geschlossen, Wiedereröffnung ungewiss,* www.buegeleisenhaus.de

LWL-Industriemuseum Henrichshütte Hattingen, Werksstr. 31-33, Tel. (02324) 924 71 40, *Di-So+Fei 10-18, Eintritt 5 € / 2,50 €,* www.henrichshuette.de

Mülheim a.d. Ruhr

Aquarius Wassermuseum, Burgstraße 70, Tel. (0208) 443 33 90, *Di-So 10-18, Eintritt 5 € / 3 €, Fam. 13 €,* www.aquarius-wassermuseum.de

Camera Obscura, Am Schloß Broich 42, Tel. (0208) 302 26 05, *Sa+So 10-18, Eintritt 4,50 € / 3,50 €, Fam. 11 €,* www.camera-obscura-muelheim.de

Gründer- und Unternehmermuseum, Wiesenstraße 35, Tel. (0208) 48 48 48, *Mo-Do 9-17, Fr 9-15, Eintritt: der Besuch ohne Führung ist kostenlos*

Haus Ruhrnatur, Alte Schleuse 3, Tel. (0208) 443 33 80, *Di-So 10-18, Eintritt 5 € / 3 €, Fam. 13 €,* www.haus-ruhrnatur.de

Historisches Museum im Schloss Broich, Am Schloß Broich, Tel. (0208) 455 42 60, www.muelheim-ruhr.de

Kunstmuseum in der Alten Post, Synagogenpl. 1, Tel. (0208) 455 41 38, z.Zt. *Kunstmuseum Temporär,* Schloßstr. 28-32, *Di-Fr 10-18, Sa/So 10-14,* www.kunstmuseum-mh.de

Leder- und Gerbermuseum, Düsseldorfer Straße 269, Tel. (0208) 302 10 70, *Mi-So 14-18, Eintritt 3 € / 2 €,* www.leder-und-gerbermuseum.de

Saarn (OT von 45481 Mülheim a.d. Ruhr)

Museum Kloster Saarn, Klosterstr. 53, Tel. (0208) 468 98 96, *Sa 15-18, So 12-16, Eintritt 2,50 € / 1 €, Klostercafé Di-Fr 9-18, Sa 10-18, So 14-18,* www.museum-kloster-saarn.de

Schwerte (PLZ 58239)

Rohrmeisterei (Kulturzentrum), Ruhrstr. 20, Tel. (02304) 201 30 01, www.rohrmeisterei-schwerte.de

Schwerter Senfmühle, Ruhrstr.16, Tel. (02304) 77 61 11, *Mi+Sa 10-13,* www.schwerter-senfmuehle.de

Ruhrtalmuseum im Alten Rathaus, Brückstraße 14, Tel. (02304) 10 48 22, *z.Zt. (2022) wegen Umbau geschlossen*

Welttheater der Straße (letztes Augustwochenende), Tel. (02304) 10 48 11 (Städtisches Kulturbüro), www.welttheater-der-strasse.de

Wetter (PLZ 58300)

Henriette Davidis Museum (berühmteste deutsche Kochbuchautorin), Elbscheweg 1, Tel. (02335) 611 16, *Apr-Okt jeden 1. So 15-17, Eintritt 2,50 € / Kind ab 14 J. 1,50 €,* www.henriette-davidis-museum.de

Kletterwald Wetter, Harkortberg, Tel. (02335) 170 29 67, www.kletterwald-wetter.de

Kulturzentrum Lichtburg, Kaiserstr. 97, Tel. (02335) 91 36 67, www.lichtburg-wetter.de

Naturbad Wetter (am Hartkortsee), Gustav-Vorsteher-Str. 36, Tel. (02335) 97 07 82 01, *Mo-Fr 13-19, Sa+So 10-19, Ferien NRW 10-19, Eintritt 4 € / 2 €*

Wickede (PLZ 58739)

Freibad Wickede, Im Winkel 24, Tel. (02377) 17 13, *im Sommer Mo 13-20 (in den Sommerferien ab 10), Di-Fr 6-20, Sa 7-19, So+Fei 8-19*

Witten (PLZ 58452)

Gruben- und Feldbahnmuseum Zeche Theresia, Nachtigallstr. 27-33, Tel. 0177-493 85 04, *Apr-Okt, jeden 1. + 3. So von 11-18,* www.muttenthalbahn.org

Hebezeug-Museum (zeigt als einziges Museum weltweit die Geschichte vom Hebel zum Hebezeug), Windenstr. 2, 58455 Witten, Tel. (02302) 20 80, www.jdngroup.com

Industriemuseum Zeche Nachtigall, Nachtigallstr. 35, Tel. (02302) 93 66 40, *Di-So+Fei 10-18, Eintritt 4 € / 2 €,* www.zeche-nachtigall.lwl.org

Märkisches Museum (moderne deutsche Malerei), Husemannstr. 12, Tel. (02302) 581 25 50, www.kulturforum-witten.de

Tourist-Infos

Bochum Tourist-Info, Huestr.9, 44787 Bochum, Tel. (0234) 96 30 20, www.bochum-tourismus.de

DORTMUNDtourismus, Kampstr. 80, 44137 Dortmund, Tel. (0231) 18 99 90, www.dortmund-tourismus.de

Hattingen Marketing, Haldenplatz 3, 45525 Hattingen, Tel. (02324) 30 95, www.hattingen-marketing.de

Ruhr Tourismus, Centroallee 261, 46047 Oberhausen, Tel. 01806-18 16 20 *(€ 0,20/ pro Anruf aus dem dt. Festnetz; Mobilfunkpreise max. € 0,60/pro Anruf)* www.ruhr-tourismus.de

Sauerland-Tourismus, Johannes-Hummel-Weg 1, 57392 Schmallenberg, *Tel. (02974) 20 21 90,* www.sauerland.com

Stadtmarketing & Tourismus Herdecke, Kirchplatz 3, 58313 Herdecke, *Tel. (02330) 61 13 09,* www.herdecke.de

Stadtmarketing Wetter, Kaiserstraße 78, 58300 Wetter, Tel. (02335) 84 01 88, www.stadtmarketing-wetter.de

Stadtmarketing Witten, Marktstraße 7, 58452 Witten, Tel. (02302) 194 33, www.stadtmarketing-witten.de

Tourist-Info Stadt Fröndenberg, Ruhrstraße 9, 58730 Fröndenberg/Ruhr, Tel. (02373) 97 61 51, www.tourismus-froendenberg.de

Schwerte Stadtmarketing, Postplatz 8, 58239 Schwerte, Tel. (02304) 975 39 59, www.schwerte-stadtmarketing.de

Tourist-Info Essen, Kettwiger Str. 2-10, 45127 Essen, Tel, (0201) 887 23 33, www.visitessen.de

Tourist-Info Mülheim, Schollenstraße 1, 45468 Mülheim an der Ruhr, Tel. (0208) 96 09 60, www.muelheim-tourismus.de

Kanuverbände & Kanu-Zeitschriften

(BVKanu) Bundesverband Kanu e.V., c/o BVWW, Gunther-Plüschow-Str. 8, 50829 Köln, Tel. (0221) 595 71-0, www.bvkanu.de

(DKV) Deutscher Kanu-Verband, Bertaallee 8, 47055 Duisburg, Tel. (0203) 99 75 90, www.kanu.de

Kanu-Verband NRW, Friedrich-Alfred-Str. 25, 47055 Duisburg, Tel. (0203) 738 16 53, www.kanu-nrw.de

kajak magazin, Tel. (07221) 952 10, www.wir-leben-outdoor.de

KANU-Magazin, Tel. (089) 55 24 10, www.kanumagazin.de

Interessante Webseiten zur Ruhr

www.route-industriekultur.ruhr

www.ruhrtopcard.de

www.extraschicht.de

www.ruhrkunstmuseen.com

www.ruhrbuehnen.de

www.mein-ruhrgebiet.blog

www.wahlheimat.ruhr

www.metropoleruhr.de

www.ruhrkohlenrevier.de

Mehr Bücher aus der Reihe KANU KOMPAKT

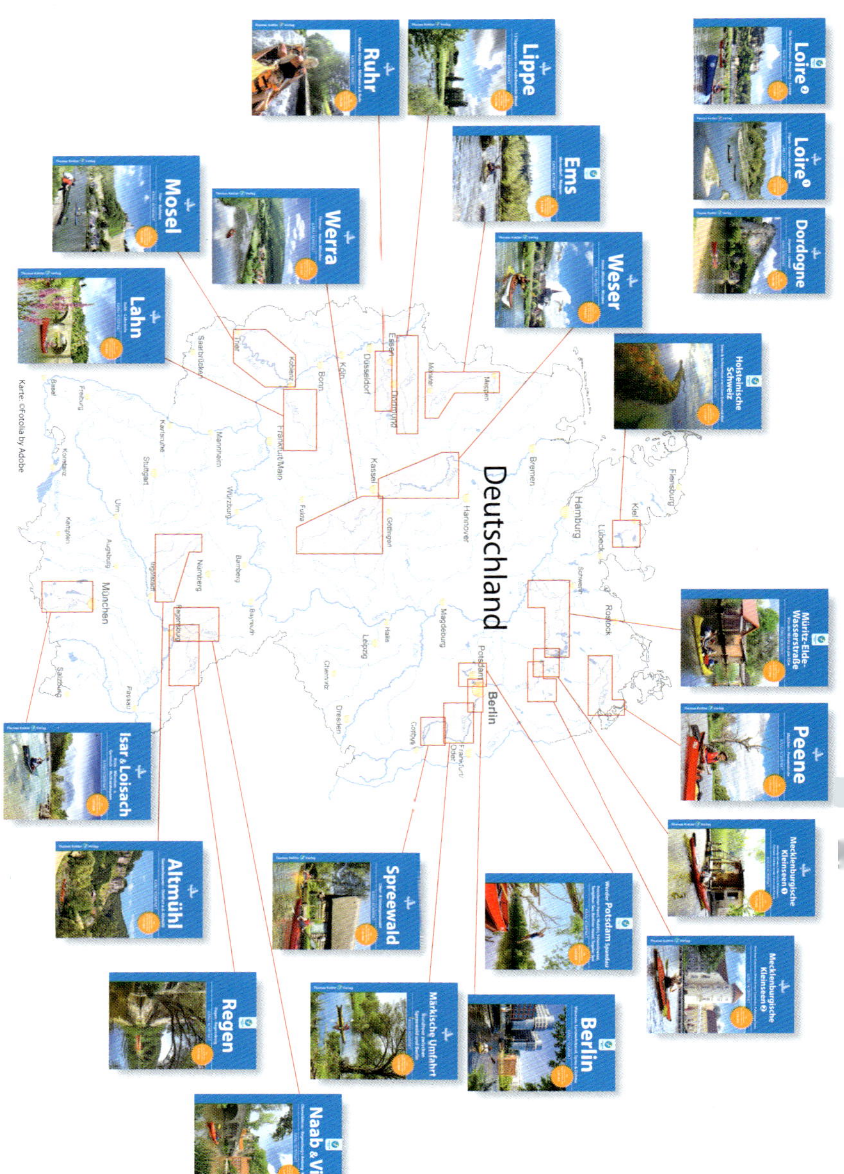

Der Autor

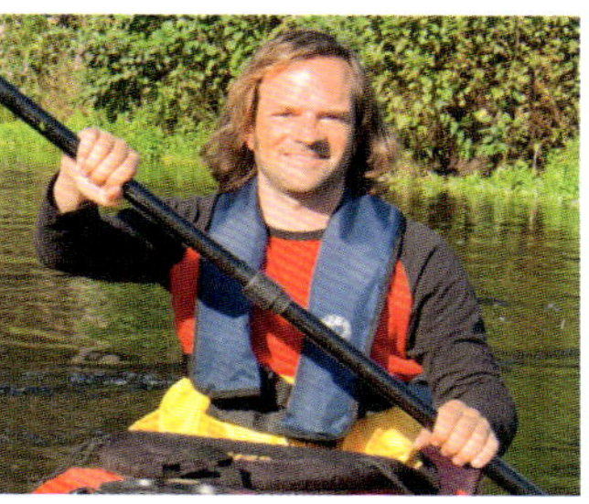

Michael Hennemann ist ausgebildeter fototechnischer Assistent und begeisterter Reisender und Kanusportler.

Als Autor und Fotograf ist er seit vielen Jahren auf Reise-, Outdoor- und vor allem Kanuthemen spezialisiert.

Mehr über seine Arbeit finden Sie im Internet unter:
www.michael-hennemann.de

Der Kartograf

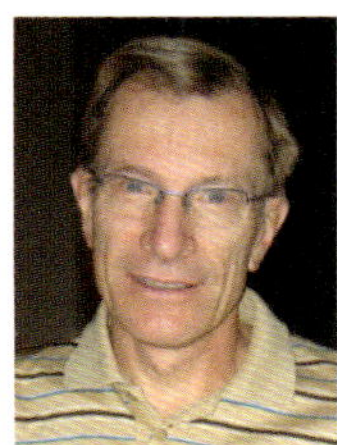

Jübermann - Kartographie und Verlag hat sich auf die Herstellung von Gewässerkarten für Wassersportler spezialisiert. Alle Karten, meist im Maßstab 1:100.000 und größer, sind in Bezug auf die Gewässer bzw. Wassersportinhalte im Gelände komplett überprüft. Jeder dargestellte Gewässer-km ist auch per Boot kontrolliert worden. Hier sind keine Schreibtischtäter am Werk, sondern passionierte Wassersportler (Erhard Jübermann z. B. mit ca. 60.000 gepaddelten km), die all ihre Erfahrung weitergeben www.juebermann.de

Register